포 토 샵 과
일러스트레이터로
손쉽게 따라 하는

굿 · 즈
만 들 기
요 럴 땐
요 령 게

포 토 샵 과
일러스트레이터로
손쉽게 따라 하는

굿 · 즈
만 들 기
요 럴 땐
요 렁 게

김진하 지음

영진미디어

목차

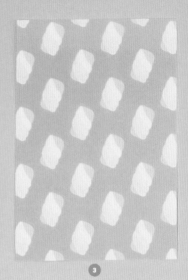

GOOD LUCK   GOOD NIGHT   LOVE U   THANK U

GOOD LUCK   GOOD NIGHT   LOVE U   THANK U

HELLO   HELLO   HELLO   HELLO

check list

☀ _____
☀ _____
☀ _____
☀ _____
☀ _____

date:

HELLO

6

7

8

9月

日 月 火 水 木 金 土

1   2   3   4   5   6   7
8   9   10   11   12   13   14
15   16   17   18   19   20   21
22   23   24   25   26   27   28
29   30

애개피

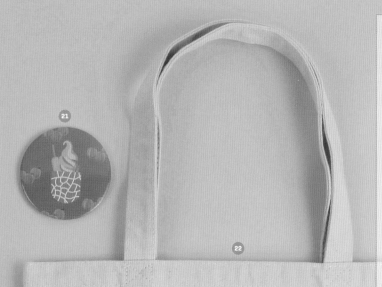

일러두기

- 본 도서는 MAC을 사용했습니다. MAC과 Windows 작업 환경이 조금 다를 수 있습니다.
- 작업선의 사방 여백은 제작 업체마다 다를 수 있으니, 제작 전에 확인하여 작업하길 바랍니다.
- 일부 프로그램명이나 제품명은 시중에 통용되는 단어로 표기했습니다.
- 본 도서는 Adobe Photoshop, Illustrator CC 2017 영문판 버전을 사용했습니다. 한글판 메뉴 설명이 필요한 부분은 따로 추가했습니다.

프롤로그

문구 플리마켓에 참가했던 날이 생각납니다. 그림만 그리면 될 줄 알았는데, 그림은 물론이고 굿즈 제작부터 발주, 포장, 홍보 그리고 재고 관리까지 모든 일을 혼자 해야 하는 1인 기업이었습니다. 주변에 물어볼 곳도 없고, 다른 판매자에게 문의하기엔 예의에 어긋나는 것 같아 인터넷으로 업체와 정보를 검색하고, 수업도 들으며 무작정 굿즈 제작에 힘썼습니다.

그림을 그리거나 디자인을 하는 것보다 제작 업체를 찾는 데 더 많은 시간을 쏟았던 아쉬움이 떠올라 직접 제작했던 굿즈 후기와 정보를 블로그에 공유하게 된 것이 시작이었습니다. 제작 후기가 하나둘 추가되면서 서로 정보를 나누고, 안부를 묻는 다정한 댓글 덕분에 많은 분들께 도움이 된 것 같아 참으로 기뻤습니다.

굿즈 제작의 첫걸음을 떼는 데 이 책이 당신과 함께하면 좋겠습니다. 『굿즈 만들기 요럴 땐 요렇게』를 통해 굿즈 제작의 흐름을 익히고, 시행착오를 조금이나마 줄일 수 있다면 이 책의 존재 이유는 충분하다고 생각합니다.

세상의 모든 창작자를 응원합니다.

김진하

1장

굿즈를 만들기 전에

어떤 프로그램을 사용할까

포토샵(Adobe Photoshop)과 일러스트레이터(Adobe Illustrator) 프로그램을 사용하여 굿즈 제작에 필요한 이미지와 작업 파일을 만듭니다. 두 프로그램의 성질이 달라 굿즈에 맞게 필요한 프로그램을 사용하면 됩니다. 포토샵은 비트맵(Bitmap) 방식을 사용하고 일러스트레이터는 벡터(Vector) 방식을 사용하고 있습니다. 비트맵은 픽셀이라는 작은 점 단위로 이루어져 있고, 벡터는 곡선에 기반한 그래픽으로 매끄러운 표현이 가능합니다. 이 둘의 차이는 확대되는 방식에서 크게 나타납니다. 일러스트레이터에서 사용하는 벡터 방식은 확대하면 매끄럽고 깨끗하게 보이는 반면, 포토샵에서 사용하는 비트맵 방식은 확대될수록 픽셀이 함께 커져서 퍼져 보이고 매끄럽지 못합니다.

포토샵과 일러스트레이터 프로그램은 서로 호환이 가능합니다. 포토샵에서 작업한 그림을 복사해서 일러스트레이터에 그대로 붙여넣기가 됩니다. 포토샵에서 사진이나 그림을 보정한 뒤, 일러스트레이터로 불러와서 디자인을 완성하기도 합니다. 그럼, 다음 설명에서 각 프로그램의 차이를 더 자세히 살펴보겠습니다.

벡터 파일 확대 시

비트맵 파일 확대 시

1. 포토샵 Adobe Photoshop

이미지를 수정 또는 편집할 때 사용하는 프로그램입니다. 픽셀로 이루어져 있어 확대 시 이미지가 깨질 수 있지만, 사진 같은 JPG 파일의 이미지 수정이 용이하고 섬세한 작업을 할 때 유용합니다.

어떤 작업에 사용할까

JPG로 저장된 사진 파일, 손글씨나 손그림을 스캔하여 사용하는 이미지 등을 수정할 때 포토샵을 사용합니다. 사진의 색감을 보정하고 배경을 분리하거나 이미지 자체를 변형할 때 주로 사용합니다.

배경 제외하고 오브젝트만 얻기
(누끼 따기)

(SAMPLE)

배경과 분리된 이미지 얻는 방법 p.203

사진, 손그림 보정
(Levels, Curves 이용)

2. 일러스트레이터 Adobe Illustrator

로고나 일러스트를 만들 때 자주 사용합니다. 벡터 방식으로 사이즈 조절이 자유롭고 깔끔한 느낌을 원할 때 사용하면 좋습니다.

어떤 작업에 사용할까
템플릿과 칼선 같은 도식 이미지를 만들거나 로고, 일러스트, 손글씨를 벡터화할 때 일러스트레이터를 사용합니다.

SAMPLE

칼선 제작 p.31
화이트 레이어 p.198

칼선, 화이트 레이어 만들기

SAMPLE

손글씨를 디지털로 변경하기 p.194

손글씨나 손그림을
디지털화(벡터화) 하기

3. 저장 파일 종류

굿즈 종류와 주문 업체마다 권장하는 저장 방법이 다릅니다. 굿즈를 제작하기 전에 어떤 저장 방법으로 저장할지 알아보고 제작하는 것이 좋습니다.

Photoshop(psd)
포토샵에서 작업한 파일을 그대로 저장하는 것을 말합니다. 수정이 용이하도록 레이어를 분리해 작업하는 것을 권장합니다.

Illustrator(ai)
일러스트레이터에서 작업한 파일을 그대로 저장하는 것을 말합니다. 파일이 복잡하지 않게 그룹으로 설정하거나 클리핑 마스크를 설정한 후 저장합니다. 폰트를 사용했다면 아웃라인(create outlines)이 설정되어 있는지 반드시 확인하세요.

JPEG(JPG)
이미지를 저장하는 파일입니다. 사진 이미지를 압축하여 용량이 적으며 사진 및 그림을 저장할 때 가장 많이 사용하는 파일 형식입니다.

PNG
투명 배경을 저장할 때 사용하는 이미지 파일 형식입니다.

PDF
작업물의 글꼴, 이미지를 그대로 유지하여 저장하는 파일 형식입니다.

+ PDF 파일을 포토샵으로 합치고 싶을 때

포토샵에서는 PDF가 한 장의 파일로만 저장됩니다. 엽서나 명함과 같이 앞, 뒷면 두 장 이상의 그림을 한 파일의 PDF로 저장할 경우 일러스트레이터 파일을 이용하는 것이 가장 쉬운 방법입니다. 만약 일러스트레이터 프로그램 대신 포토샵으로 작업할 때는 아래의 방법으로 PDF 파일을 저장합니다.

[File ▸ Save ▸ Format: Photoshop PDF]*를 통해 한 장씩 PDF 파일로 저장합니다.

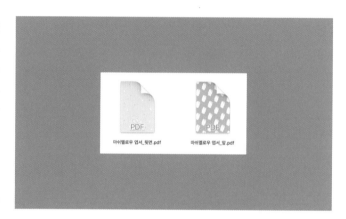

* 파일 ▸ 저장 ▸ 형식: photoshop.pdf

[File ▸ Automate ▸ PDF Presentation]*을 누른 뒤 다음 창에서 [Browse]를 누릅니다.

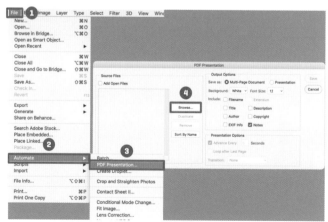

* 파일 ▸ 자동화 ▸ pdf 프레젠테이션

3

한 페이지로 합칠 PDF 파일을
모두 넣은 뒤에, 옵션에서
[Multi-Page Document ▸ Save]*를
누릅니다

* 출력 옵션 ▸ 복수 페이지 문서 ▸ 저장

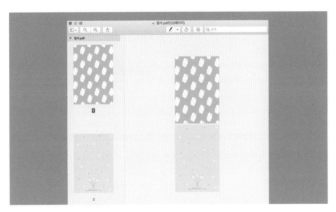

4

두 개의 그림이 들어간 하나의
PDF 파일이 완성되었습니다.

굿즈 제작 과정

1. 굿즈 제작 순서

① 굿즈 종류 선택

② 제작 업체 선정

제작 기간, 비용, 최소 수량 등을 고려

③ 굿즈 사이즈를 선택하여 템플릿 다운로드

④ 주의사항 확인

해상도, 컬러모드, 여백, 저장 파일 종류 등

CHECK

굿즈 가격은 수량이 늘어날수록
개당 가격이 저렴해집니다.

종이와 마스킹 테이프 등은 제작 업체에서
샘플을 신청할 수 있으니 미리 샘플을 받아
굿즈 사양을 확인합니다.

시안을 요청할 수 있는 곳은 꼭 요청해
중간 단계를 확인하는 것이 안전합니다.

굿즈마다 제작 기간이 다릅니다.
가장 오래 걸리는 굿즈는 금속 배지로
대략 2~3주가 소요되며, 명함은
당일 주문이 되는 곳도 있으니 제작 기간을
반드시 확인하세요.

굿즈를 받았을 때 파본이 발생할 경우,
해당 업체에서 제시한 파본 기준을
확인한 후 재 작업을 요청합니다.

⑤ 파일 제작

⑥ 주문 및 파일 업로드

⑦ 배송

⑧ 파본 검사 및 포장

2. 제작 기본 설정

인쇄도수

인쇄 시 C,M,Y,K를 각 1도로 보고, 몇 도를 사용했는지 말합니다.

· 단면 1도: 한 면에 K(black)만 사용한 흑백

· 양면 2도: 양면에 K(black)만 사용한 흑백

· 단면 4도: 한 면만 컬러(CMYK=4도)

· 양면 5도: 한 면은 컬러(CMYK=4도), 한 면은 흑백(K=1도)

· 양면 8도: 양면 모두 컬러

4도

| Cyan | Magenta | Yellow | Black |

단면 1도
한 면에 K(black)
뒷면 인쇄 없음

양면 2도
양면에 K(black)

단면 4도
앞면 컬러
뒷면 인쇄 없음

양면 5도
앞면 컬러
뒷면 K 흑백 인쇄

양면 8도
양면 컬러 인쇄

별색

CMYK로 만드는 색이 아닌 형광, 금색, 은색 등 고유의 색상 번호가 있는 색을 말합니다. 팬톤, DIC의 별색 코드를 사용하거나 주문 업체에서 [별색 다운로드] 가이드를 다운받아 사용하면 됩니다. 회사 로고 같이 특정 색이 있을 경우 별색을 사용하기도 합니다.

① 제작 업체에서 별색 파일을 다운로드합니다.

② 일러스트레이터에서 [Swatches ▸ Open Swatch Library ▸ Other Library]*를 클릭하여 다운받은 별색 파일(스와치)을 열어줍니다.

* 윈도우 ▸ 견본 ▸ 견본 라이브러리 열기 ▸ 기타 라이브러리

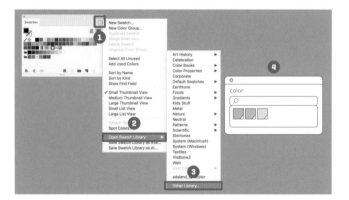

③ 별색을 사용할 오브젝트를 클릭 후 별색 스와치를 선택하여 색을 변경합니다.

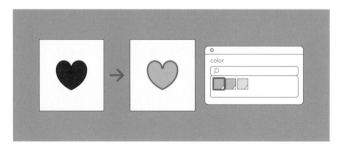

합판과 독판

· 합판: 여러 인쇄물을 모아 한 번에 인쇄하는 것으로 주변 작업물의
영향을 받아 인쇄 시 색이 다르게 나올 수 있습니다.

· 독판: 한 번에 하나의 디자인만 인쇄하는 것으로 색을 맞출 수 있는
장점이 있지만 가격이 높아집니다.

CHECK

굿즈를 소량 제작하는 경우 대부분
합판인쇄로 제작하기 때문에 인쇄 시
색상 차이가 날 수 있습니다.

모니터의 RGB 화면과 인쇄 CMYK 색상은
많은 차이가 있습니다.

4도 혼합의 진한 색상일 경우
뒷묻음이 발생할 수 있습니다.

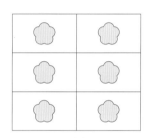

합판인쇄   독판인쇄

CMYK/300dpi

굿즈 제작은 인쇄를 바탕으로 하기 때문에 가장 기본적인 설정은
CMYK/300dpi입니다. 간혹 RGB/200dpi를 사용하는 업체도 있으니
제작 전에 미리 확인합니다.

포토샵에서 해상도 설정하는 방법

[File ▸ New ▸ Resolution]*에서 [300 Pixels/Inch]로, [Color Mode]를
[CMYK Color]로 설정합니다.

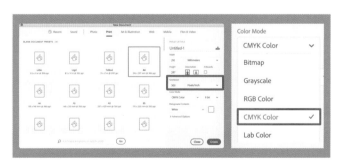

* 파일 ▸ 새로 만들기 ▸ 사전 설정

일러스트레이터에서 해상도 설정하는 방법

[File ▸ New]로 새 아트보드를 만들 때 [More Settings]*를 클릭하여 나오는 창에서 [Color Mode: CMYK, Raster Effects: High(300dpi)]로 설정합니다.

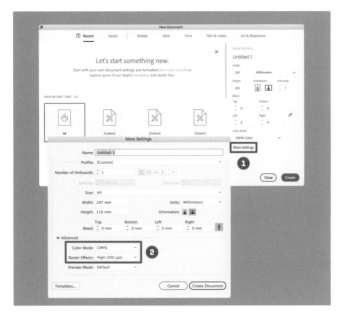

* 파일 ▸ 새로 만들기 ▸ 고급 옵션

작업선
재단선
안전선

여백주기

· 작업선: 재단선에서 사방 1~2mm 더해 여백을 준 것이며 재단 시 잘리는 부분입니다. 바탕이 있을 경우 반드시 작업선까지 색을 채워야 깔끔하게 인쇄가 됩니다.

· 재단선: 굿즈의 실제 크기입니다.

· 안전선: 재단선에서 안으로 사방 1~2mm 들어간 부분입니다. 인쇄 시 밀림 현상이 생길 수 있어 중요한 디자인 혹은 글씨는 안전선 안쪽으로 디자인하는 것이 좋습니다.

윤곽선 만들기(Create Outlines)

제작 업체에서 폰트를 전부 보유하고 있지 않기에 파일을 넘기면 글씨가 깨지는 경우가 발생합니다. 이를 방지하기 위해 프로그램에서 사용한 글자를 깨는 작업인 아웃라인이 필요합니다.

포토샵에서 글자 깨기

[Type Tool]로 글자 쓰기 ▸ 텍스트 레이어에서 오른쪽 마우스 클릭 [Rasterize Type]*

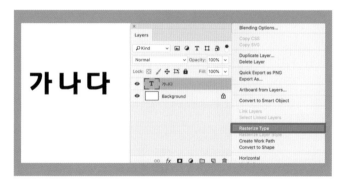

* 문자 래스터화

일러스트레이터에서 글자 깨기

[Type Tool]로 글자 쓰기 ▸ 오른쪽 마우스 클릭 [Create Outlines]*

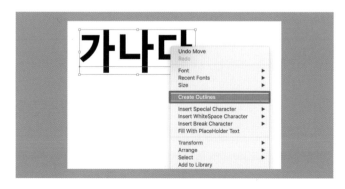

* 윤곽선 만들기

그라데이션(Gradient), 투명도(Opacity) 효과 사용 시 유의점

오브젝트에 적용한 효과를 이미지화 해야 인쇄 시 원하는 효과를 안전하게 얻을 수 있습니다.

포토샵에서 효과 주기

투명도(Opacity)와 그라데이션(Gradient)을 조정한 오브젝트 레이어 선택 ▸ 오른쪽 마우스 클릭 [Flatten Image]*

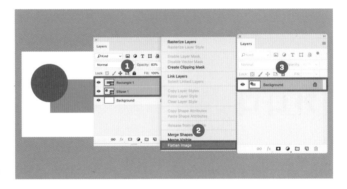

* 배경으로 이미지 병합

일러스트레이터에서 효과 주기

투명도(Opacity)와 그라데이션(Gradient) 오브젝트 선택 ▸ [Object ▸ Rasterize]*

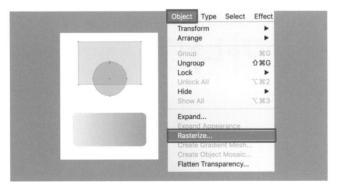

* 오브젝트 ▸ 래스터화

종이 샘플 북 신청

업체마다 주문 가능한 용지를 모아 놓은 샘플을 미리 받아보고 결정할
수 있습니다. 종이의 종류, 무게(g/㎡), 질감에 따라 인쇄 느낌이 매우
다르기 때문에 샘플 북을 보고 주문하는 것을 추천합니다.

성원애드피아 www.swadpia.co.kr
전체 메뉴 ▸ 기획상품 ▸ 샘플북 / 컬러차트북
일반지, 고급지, 스티커 등 다양한 종류가 있습니다.

비즈하우스 www.bizhows.com
전체 상품 보기 ▸ 명함 / 행택 ▸ 용지 무료 샘플
40장의 명함 용지를 받아볼 수 있습니다.

오프린트미 www.ohprint.me
메인 하단 ▸ 샘플 팩 알아보기
투명카드와 후가공이 있는 샘플 팩이 있습니다.

와우프레스 www.wowpress.co.kr
상업인쇄소 ▸ 와우기획상품 ▸ 명함샘플팩/핫템샘플팩
종이, 스티커, 쿠폰, 초대장 등의 샘플을 신청할 수 있습니다.

포스트링 www.postring.co.kr
전체 상품 보기 ▸ 샘플, 별도사이즈 인쇄 ▸ 용지샘플킷/봉투샘플킷
엽서, 카드, 봉투 등 용도에 맞는 샘플이 있습니다.

2장

스티커 굿즈

스티커 알아두기

1. 스티커 종류

사각재단 스티커

사각재단 스티커

칼선 없이 제작한 스티커입니다. 가위로 잘라 써야 하는 번거로움이 있지만 제작 방법이 간단하고 가격이 가장 저렴합니다. 인쇄소 스티커라 불리기도 합니다.

도무송 스티커

도무송 스티커

인쇄소가 보유한 기본 도형 칼선(원형, 사각형)으로 제작하는 스티커를 말합니다. 기본 도형은 따로 칼선 작업을 할 필요가 없지만 원하는 모양의 칼선이 있다면 추가 제작할 수 있으며 가격은 상승합니다.

판 스티커(칼선 고정형 스티커)

판 스티커(칼선 고정형 스티커)

한 장에 고정된 모양, 개수의 칼선이 있어 그 안에 그림을 채워넣기만 하면 되는 스티커를 말합니다.

반칼 스티커(자유형 칼선 스티커)

반칼 스티커(자유형 칼선 스티커)

한 장에 다양한 모양, 개수의 칼선을 자유롭게 배치한 스티커를 말합니다. 직접 칼선 작업을 해야 합니다.

완칼 스티커(자유형 조각 스티커)

완칼 스티커(자유형 조각 스티커)

원하는 모양의 다양한 칼선을 넣은 스티커를 배경에서 완전히 잘라낸 것을 말합니다. 직접 칼선 작업을 해야 하고, 판 스티커가 아닌 낱개로 제작됩니다.

2. 일러스트레이터에서 그림과 동일한 크기의 칼선 제작하기

칼선 제작 공통 사항

· 일러스트레이터에서 면 없이 선으로 제작합니다.

· 칼선 두께는 1pt, corner와 cap은 둥글게 설정합니다.

· 칼선 색은 대부분 M:100%로 설정하지만, 업체마다 칼선 권장 색이
  다를 수 있으니 작업 전에 확인합니다.

· 칼선 레이어는 그림 레이어와 반드시 따로 만듭니다.

[Pen Tool]

가장 쉽고 간단한 방법으로 단순한 오브젝트에 유용합니다.

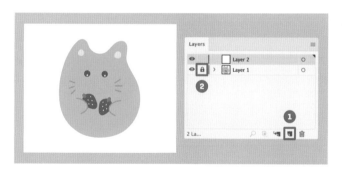

①

그림 레이어 위에 새 레이어를
추가하고 그림 레이어는 잠금합니다.

②

[Pen Tool]로 시작점을 찍습니다.

③ 두 번째 점을 찍고 마우스를 떼지 않은
채로 드래그하면 곡선이 생깁니다.

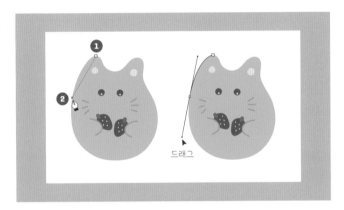

④ 두 번째 점 찍은 곳을 한 번 더
클릭하면 한 쪽 방향선이 사라져
곡선의 방향을 바꿀 수 있습니다.

⑤ 똑같은 방법으로
테두리를 따라 그립니다.

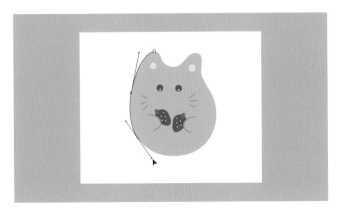

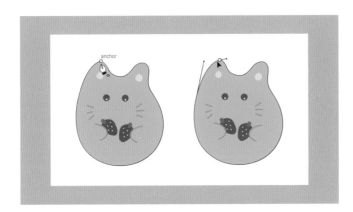

6

한 바퀴를 돌아 다시 시작점으로
돌아오면 테두리가 완성됩니다.

7

[Pen Tool]을 이용한 칼선이
완성되었습니다.

[Pathfinder]

일러스트레이터에서 제작한 벡터 이미지만 사용가능합니다. 가장 깔
끔하게 칼선이 제작됩니다.

1

벡터 그림 레이어를
[Create a new layer] 아이콘에
드래그하여 레이어를 복사합니다.
원본 그림 레이어는
움직이지 않게 잠궈둡니다.

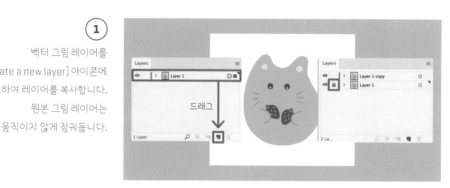

2

[Selection Tool]로
오브젝트를 선택합니다.

3

[Window ▶ Pathfinder]*에서
맨 앞에 있는 [Unite] 아이콘을
클릭합니다.

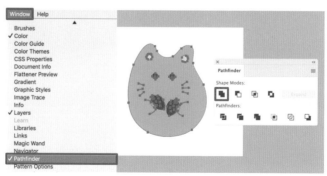

* 윈도우 ▶ 패스파인더

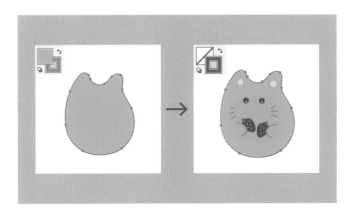

4

그림이 하나로 합쳐지면 면 색을
없애고 선만 남깁니다.

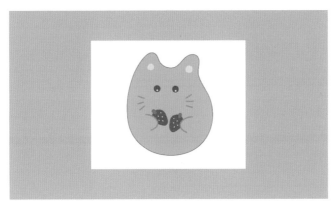

5

[Pathfinder]를 이용한
칼선 테두리가 완성되었습니다.

[Image Trace]

사진이나 그림 같은 픽셀 이미지로 제작된 파일에서 사용가능합니다.

①

픽셀 그림 레이어를
[Create a new layer] 아이콘에
드래그하여 레이어를 복사합니다.
원본 그림 레이어는 움직이지 않게
잠금합니다.

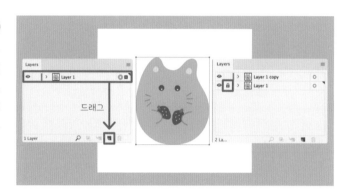

②

복사한 이미지를 선택하면
옵션 바에 뜨는 [Image Trace ▸
Black and White Logo]*를
클릭합니다.

*이미지 추적 ▸ 사전 설정 ▸ 흑백 로고

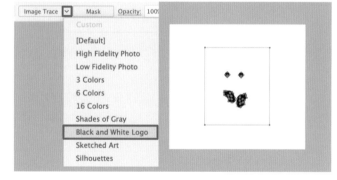

③

[Window ▸ Image Trace] 창을 열어
바탕면이 나오도록 [Threshold] 값을
조절한 뒤, [Ignore White]*를
체크합니다.

*윈도우 ▸ 이미지 추적 ▸ 고대비 값 조정 ▸
고급 ▸ 공백 무시 체크

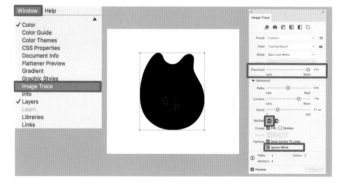

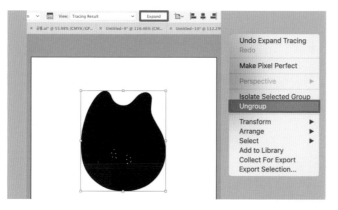

④

흰색 그림은 검은색으로 변환되지
않아 별도로 지워줘야 합니다.
(원본 그림에 흰색이 없다면
④~⑦ 과정은 생략하세요.)
옵션 바에 뜨는 [Expand]를 클릭한
뒤, 오른쪽 마우스를 클릭하여
[Ungroup]*을 합니다.

* 확장 ▸ 그룹 풀기

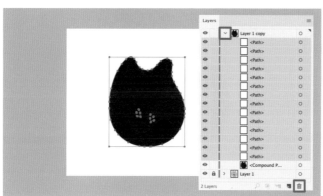

⑤

바탕면이 아닌 부분의 패스를
지워줍니다.

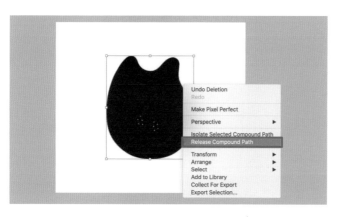

⑥

[Compound Path]를 풀기 위해
오른쪽 마우스를 클릭하여
[Release Compound Path]*를
선택합니다.

* 컴파운드 패스 풀기

7

바탕면이 아닌
불필요한 레이어를
삭제합니다.

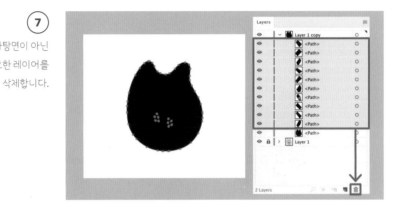

8

바탕면을 면 없이
선만 있게 바꿔줍니다.

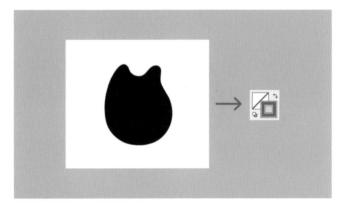

9

[Image Trace]를 이용한
칼선 테두리가 완성되었습니다.

3. 그림보다 크고 작은 칼선 제작

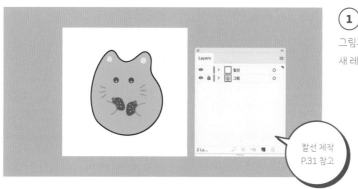

①

그림과 동일한 크기로
새 레이어에 칼선을 제작합니다.

칼선 제작
P.31 참고

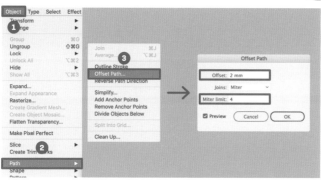

②

칼선을 클릭한 뒤 [Object ▸
Path ▸ Offset Path]*에 들어가
[Offset] 값을 2mm 줍니다. 칼선은
그림보다 2~4mm 떨어진 것이
안전합니다.

* 오브젝트 ▸ 패스 ▸ 패스 이동

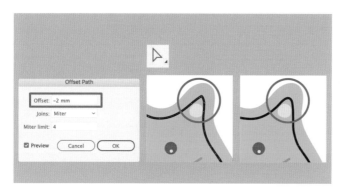

tip

그림보다 작은 칼선을 원할 경우
offset 값은 -2mm로 설정합니다.
[Direct Selection Tool]로
앵커 포인트(빨간 점)를 잡아
선을 부드럽게 정리합니다.

3

테두리를 따라 그린 선과
2mm 떨어진 두 개의 선이
생겼습니다.

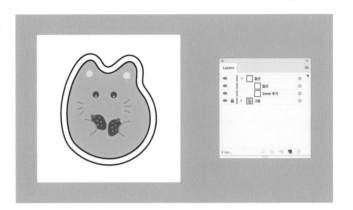

4

안쪽 선을 지워주세요.

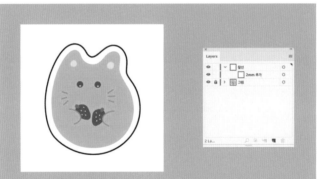

5

테두리 선을 클릭하여
마젠타(M) 100%로 바꿔줍니다.
업체마다 칼선 권장 색이 다르니
작업 전에 확인해주세요.

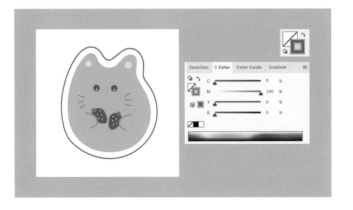

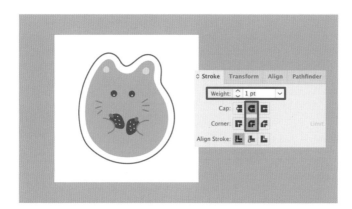

[Stroke: Weight]
선 굵기는 1pt로 바꾸고,
[Cap]과 [Corner]를 둥글게
바꿔줍니다.

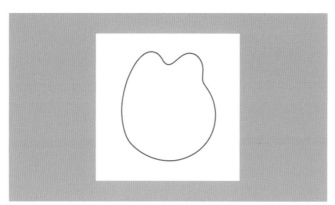

칼선이 완성되었습니다.

PRODUCT

사각재단 스티커

DETAIL

Ai

제작업체

비즈하우스 www.bizhows.com
성원애드피아 www.swadpia.co.kr
애즈랜드 www.adsland.com
와우프레스 www.wowpress.co.kr

실습 사양 예시

프로그램: Adobe Illustrator
재단 사이즈: 90x90mm
인쇄: 단면인쇄

1. 재단 스티커와 칼선 스티커

같은 도안으로 재단 스티커와 칼선 스티커를 만들 수 있습니다. 재단 스티커는 앞면에 칼선 없이 한 면으로 인쇄된 스티커이며, 칼선 스티커는 앞면에 칼선이 있어 작은 오브젝트를 하나씩 떼어 쓸 수 있는 스티커입니다. 칼선 사이의 간격은 최소 5mm 정도 떨어지게 작업해야 합니다.

재단 스티커

칼선 스티커

2. 사각재단 스티커 제작하기

① 새 아트보드를 열어 원하는 사이즈에 사방 여백을 2mm씩 줍니다. 업체마다 작업 여백이 다르니 확인하세요. 본 예시는 90x90mm로 스티커를 만듭니다.
[File ▸ New]

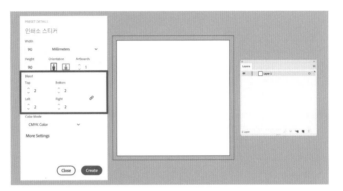

② [Rectangle Tool]로 재단선 90x90mm와 안전선 86x86mm를 만듭니다.

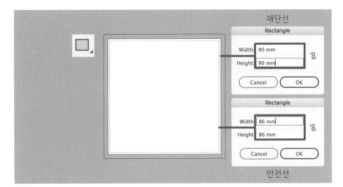

③ 스티커 디자인을 합니다. 배경이 없는 디자인은 안전선 안에 그림을 배치합니다.

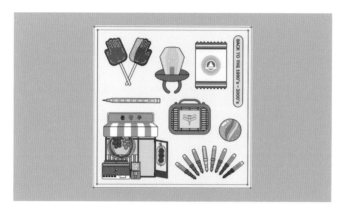

 tip

배경이 있을 경우 2mm 여백을 준
작업선까지 배경을 가득 채워주세요.

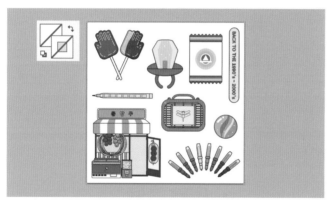

 4

저장 시에 안전선은 지우고,
재단선은 투명 처리합니다.

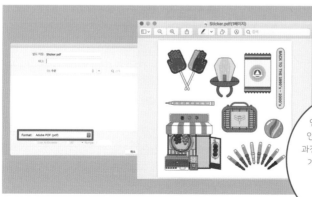

5

[File ▸ Save ▸ Adobe PDF]로
저장한 후 PDF파일을 확인합니다.

인쇄소에서 PDF 확인 시,
인쇄소 작업 파일로 옮기는
과정에서 재단선, 안전선 같은
가이드를 기준으로 삼으니
정확한 인쇄를 위해
투명 가이드 작업을
추천합니다.

6

제작 사이트에 접속 후
<사각재단스티커>,
<사각스티커(비칼선)>,
<재단형 스티커> 등의 이름으로
되어 있는 항목을 통해 주문합니다.
업체마다 이름이 다르니
확인해주세요.

7

주문 화면으로 들어가 원하는 용지,
코팅, 사이즈, 수량 등 제작 사양을
선택합니다. 용지는 디자인 의도에
따라 적절한 종이를 선택합니다.

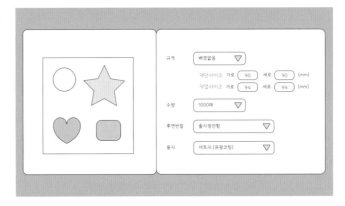

8

후면반칼을 선택합니다.

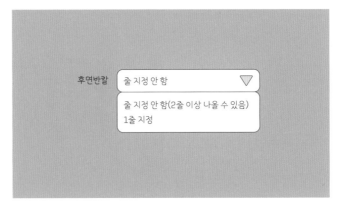

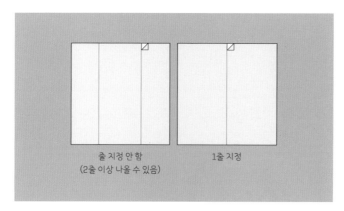

줄 지정 안 함
(2줄 이상 나올 수 있음)

1줄 지정

tip

후면 반칼은 스티커를 떼기 쉽게
스티커 뒷면에 칼선 넣는 것을
말합니다. 기본 옵션 중 '줄 지정 안 함
(2줄 이상 나올 수 있음)'은 말 그대로
뒷면의 칼선이 두 개로 나올 수
있다는 것을 의미합니다. '1줄 지정'도
가능하나 비용 상승이 있습니다.

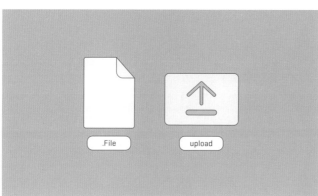

.File

upload

9
주문 옵션을 모두 선택했으면
제작 파일을 업로드하여
주문, 결제를 완료합니다.

PRODUCT

도무송 스티커

DETAIL

제작업체

성원애드피아 www.swadpia.co.kr
애즈랜드 www.adsland.com
오프린트미 www.ohprint.me
해피디토리 happydetory.com

실습 사양 예시

프로그램: Adobe Illustrator
재단 사이즈: 30x30mm
인쇄: 단면인쇄

1. 작업 주의 사항

배경 유·무의 편집 차이

배경 있는 도무송 스티커는 작업선까지 배경을 채워야 스티커의 흰 여백이 보이지 않게 제작할 수 있습니다.

—— 작업선
—— 칼선

배경 없는 도무송

배경 있는 도무송

작업 파일.ai

작업 파일.ai

실제 제작된 스티커

실제 제작된 스티커

스티커
떼어낸 모습

스티커 조각

스티커
떼어낸 모습

스티커 조각

묶음 재단과 개별 재단

묶음 재단을 기본으로 하는 업체일 경우 개별 재단 시 비용이 증가합니다.

묶음 재단

개별 재단

2. 도무송 스티커 제작하기

①

원하는 사이즈에 사방 여백을
2mm 준 새 아트보드를 만듭니다.
[File ▸ New]

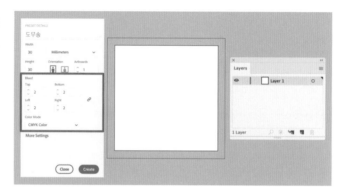

②

예시는 재단선 30x30mm,
작업선 34x34mm를 이용해
도무송 스티커를 만듭니다.
[Ellipse Tool]로 가이드를
그려주세요. 도무송은 업체가
보유한 칼선으로 제작할 때 가격이
저렴해지기 때문에 업체 템플릿을
이용해도 됩니다.

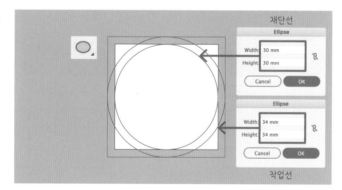

③

새 레이어를 만들고
가이드 레이어는 잠궈주세요.
스티커에 넣을 그림을 불러오거나
작업선에 맞춰 디자인합니다.
가이드가 그림에 가려 보이지 않을
경우 가이드 레이어가 맨 위로 오도록
레이어의 순서를 변경합니다.

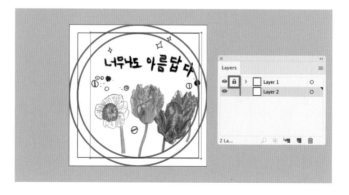

④

디자인이 완성되었으면
가이드 레이어와 그림 레이어가
분리되었는지 확인 후 [File ▸
Save ▸ Adobe Illustrator(ai)]로
저장합니다. JPG 파일로 저장 시에는
칼선 없이 그림만 저장합니다.

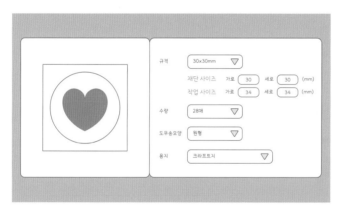

⑤

제작 업체의 도무송 주문 화면에서
사이즈 및 수량, 용지 등 인쇄 옵션을
선택합니다.

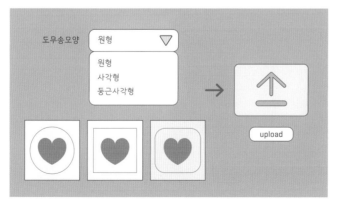

⑥

도무송(칼선) 모양을 선택하고,
제작 파일을 업로드하여 주문, 결제를
완료합니다.

PRODUCT

전자파 차단 스티커

DETAIL

Ps

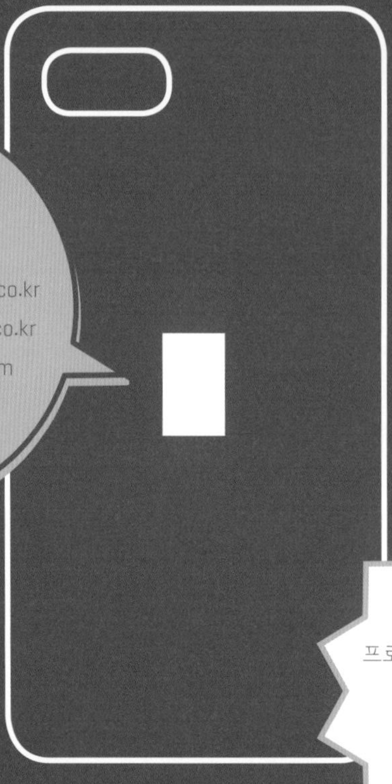

제작업체

레드프린팅 www.redprinting.co.kr

성원애드피아 www.swadpia.co.kr

애즈랜드 www.adsland.com

실습 사양 예시

프로그램: Adobe Photoshop

사이즈: 8x13mm

인쇄: 실버 50u+백색

+컬러 인쇄

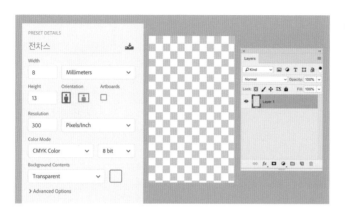

① 포토샵을 열어 원하는 제작 사이즈로
새 아트보드를 열어줍니다.
[File ▸ New]

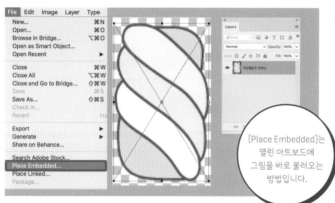

② 이번 예시는 그림을 복사,
붙여넣기 하는 방법 외에
[File ▸ Place Embedded]*를
사용합니다.

[Place Embedded]는
열린 아트보드에
그림을 바로 불러오는
방법입니다.

* 파일 ▸ (포함) 가져오기

③ 그림 사이즈를 살짝 줄여준 뒤
[Enter]를 누르면 레이어가
작업 파일에 들어와 [Smart
Object]화 된 걸 볼 수 있습니다.

[Smart Object]는 불러온
그림의 원본을 보존합니다.
강조 부분을 더블클릭하면
불러온 크기 그대로
남아 있습니다.

53

4

크기를 조정했으면 레이어를
선택 후 오른쪽 마우스를 클릭하여
[Rasterize Layer]*로
[Smart Object]를 풀어줍니다.
해당 레이어 이름을 [컬러]로
바꿉니다.

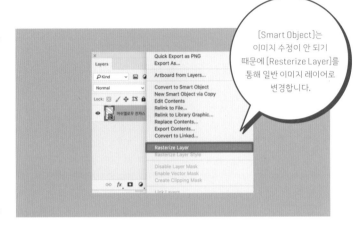

[Smart Object]는
이미지 수정이 안 되기
때문에 [Resterize Layer]를
통해 일반 이미지 레이어로
변경합니다.

* 레이어 래스터화

5

전자파 차단 스티커는
[컬러, 화이트, 실버] 세 개의 파일이
필요합니다. 먼저 화이트 레이어를
만들어봅니다. 컬러 레이어를 하나
복사한 뒤, [Add a layer style ▸
Color Overlay]*를 클릭합니다.

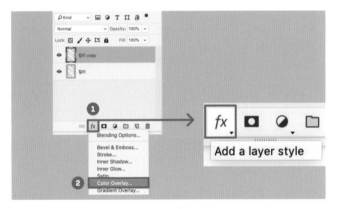

* 색상 오버레이

6

[Blend Mode]를 Normal,
Opacity 100%*로 설정한 뒤,
K:100%로 색을 설정합니다.

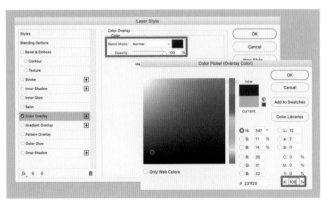

* 혼합 모드 ▸ 표준, 불투명도

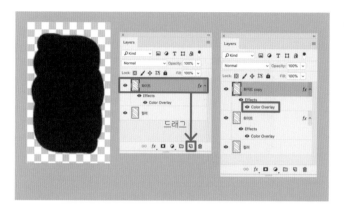

⑦

Color Overlay 준 레이어의 이름을
[화이트 레이어]로 바꿉니다.
화이트 레이어를 다시 복사한 뒤,
[Color Overlay] 부분을
더블클릭합니다.

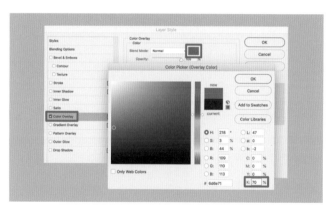

⑧

색을 K:70%로 바꿉니다.

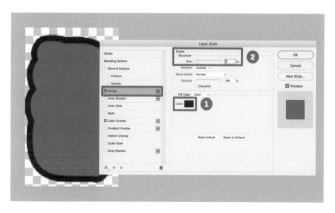

⑨

메탈 테두리를 만들기 위해
[Stroke]*로 들어가 Color를
K:100%로 설정합니다.
Stroke 화면을 보면서 메탈
테두리 사이즈를 원하는 수치만큼
올려줍니다.

* 획

⑩

복사한 화이트 레이어의 이름을
[실버]로 바꿔줍니다.
[컬러], [화이트], [실버] 레이어가
완성되었습니다.

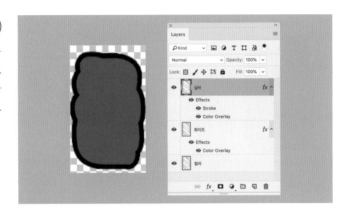

⑪

레이어에 하나씩 눈을 꺼가며
[File ▸ Save As ▸ JPEG]로
저장합니다. 파일 이름은 각 레이어
이름으로 입력합니다.

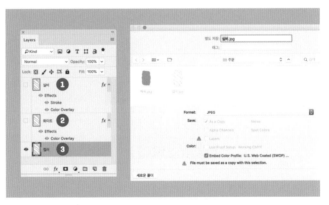

⑫

생성된 3개의 JPG 파일을
하나로 압축합니다.

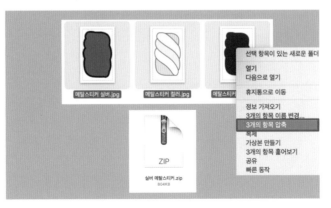

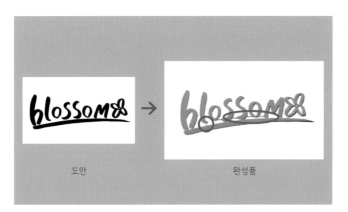

도안 → 완성품

tip

전자파 차단 스티커는 각 글자
사이가 모두 얇은 선으로 연결되어
있어야하는데, 만약 이 작업이
생략되었을 경우 업체에서 임의로
연결하여 제작하기도 합니다.
이 점을 고려하여 도안 제작 시
원하는 곳에 선을 넣어(최소 0.3pt)
디자인하면 좋습니다.

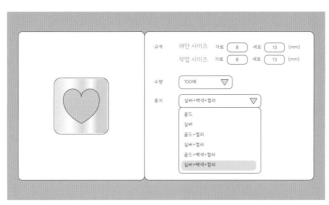

| 규격 | 재단 사이즈 | 가로 | 8 | 세로 | 13 | (mm) |
| | 작업 사이즈 | 가로 | 8 | 세로 | 13 | (mm) |

수량 100매 ▽

용지 실버+백색+컬러 ▽

골드
실버
골드+컬러
실버+컬러
골드+백색+컬러
실버+백색+컬러

13

제작 업체의 메탈 스티커
주문 화면에서 사이즈 및 수량,
용지 등 인쇄 옵션을 선택합니다.

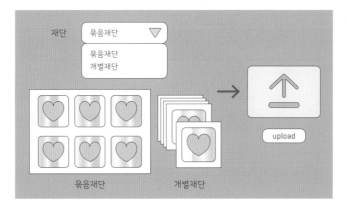

재단 묶음재단 ▽

묶음재단
개별재단

upload

묶음재단   개별재단

14

재단 종류를 선택 후,
파일을 업로드하여 주문, 결제를
완료합니다.

CATEGORY

STICKER GOODS - 04

PRODUCT

띠부띠부씰

DETAIL

Ai

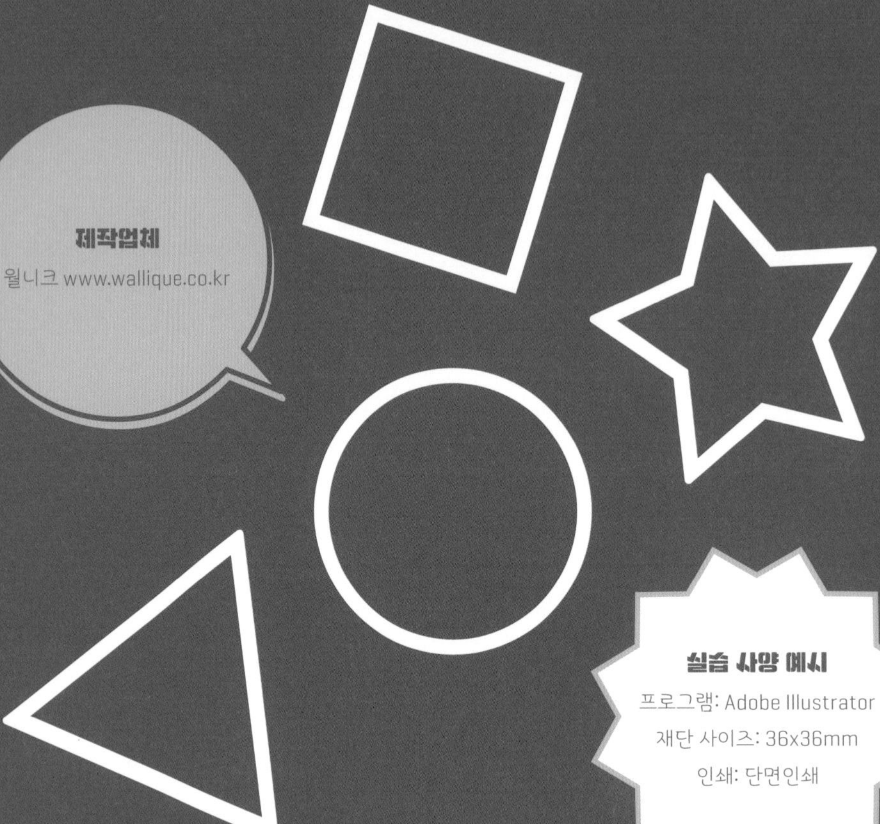

제작업체

월니크 www.wallique.co.kr

실습 사양 예시

프로그램: Adobe Illustrator

재단 사이즈: 36x36mm

인쇄: 단면인쇄

①

제작 업체의 홈페이지에서
템플릿을 다운받습니다.
[File ▸ Open]

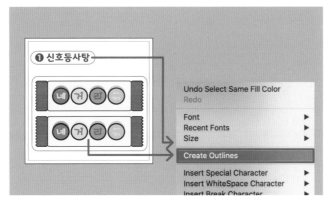

②

템플릿 안에 넣을 이미지를
제작합니다. 제작 이미지에 글씨가
너무 작으면 인쇄 시 잘 나오지 않으니
주의합니다. 모든 글씨는
[Create Outlines]*를 반드시 합니다.

* 윤곽선 만들기

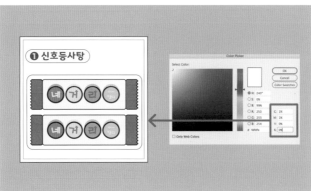

③

CMYK 값이 모두 0인 흰색은
배경이 투명으로 나옵니다.
불투명한 흰색으로 인쇄하려면
C:1, M:1, Y:0, K:0 으로 값을
설정합니다.

4

템플릿에는 한 판에 총 154개의
그림을 넣을 수 있습니다.
154개의 디자인이 다 달라도,
같아도 상관없습니다.
템플릿의 회색선(돔보선) 안에
그림과 칼선을 배치합니다.

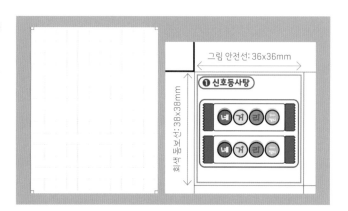

5

그림 레이어와 칼선 레이어를
분리해 배치합니다. 레이어 패널에서
눈 모양의 아이콘을 꺼보면서
오브젝트가 레이어에 제대로 들어가
있는지 확인합니다. 칼선이
그림 레이어에 들어가 있는 경우
칼선으로 잘리지 않고 칼선이
그대로 인쇄되어 나오니
반드시 확인합니다.

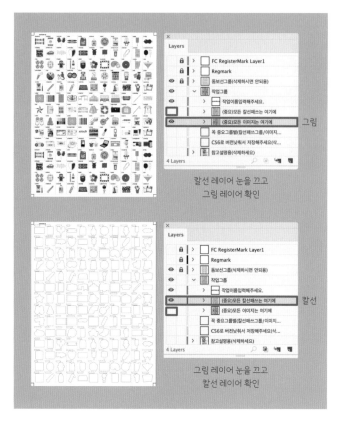

칼선 레이어 눈을 끄고
그림 레이어 확인

그림 레이어 눈을 끄고
칼선 레이어 확인

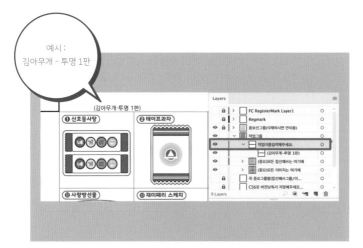

6

템플릿 상단에 주문자 이름과
제품 종류, 판수를 적습니다.
작성한 정보는 아웃라인을
하지 않아도 괜찮습니다.

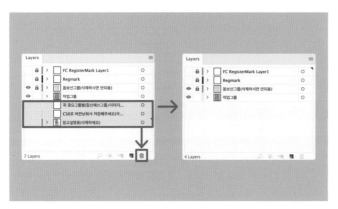

7

작업 지시 안내 레이어는 지우고
최종으로 제작 업체의 주의사항을
확인합니다.

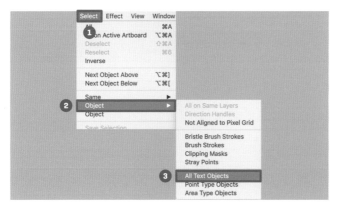

8

모든 글씨가 [Create Outlines]이
되어 있는지 확인합니다. 가장 쉽게
확인하는 방법은 [Select ▸ Object ▸
All Text Objects]*를 누르면
아웃라인 안 된 글씨를 잡아줍니다.

* 선택 ▸ 오브젝트 ▸ 모든 문자 개체 혹은
  텍스트 오브젝트

9

작업물을 ai 파일[File ▸ Save As ▸
Adobe Illustrator (ai)]로
저장합니다. [Illustrator Options ▸
Version]을 클릭하여 파일 버전을
[Illustator CS6]로 선택한 뒤
[OK]를 눌러줍니다.

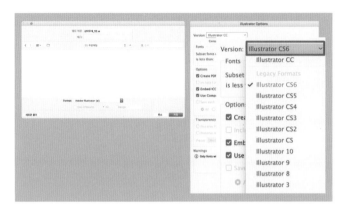

10

제작 업체의 띠부띠부씰
주문 화면에서 제품의 종류와
수량을 선택합니다.

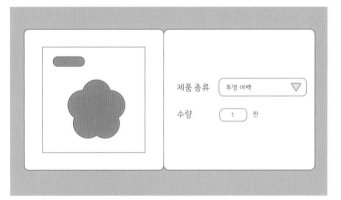

11

그림과 칼선 사이의 여백을
투명으로 제작하려면 [투명 여백]을,
흰색으로 제작하려면 [백색 여백]으로
선택합니다.

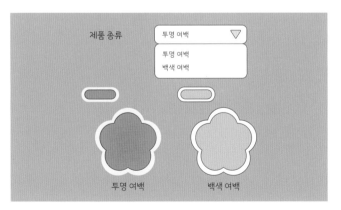

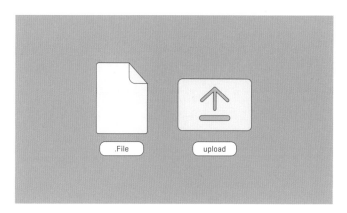

주문, 결제 후 업체 메일로
제작 파일을 보냅니다.

3장

페이퍼 굿즈

종이 알아두기

종이에 따라 인쇄 결과의 느낌이 다르기 때문에 디자인에 어울리는 종이를 고르는 일 또한 매우 중요합니다. 업체마다 보유하고 있는 종류가 다르지만 기본으로 알아두면 좋은 종이를 소개합니다.

1. 일반지, 고급지

일반지

가장 많이 쓰고, 인쇄소에서 기본적으로 보유하고 있는 종이입니다.

· 미색 모조지, 백색 모조지: 일반적인 복사 용지로 가격이 저렴하여 다양한 용도로 사용합니다. 미색은 주로 책에 많이 사용합니다.

· 아트지: 표면이 매끄럽고 광택이 있는 종이입니다.

· 스노우지: 부드러운 질감으로 인쇄 후에 은은한 광택이 있습니다.

고급지

질감이 다양하며, 색 표현이 우수합니다. 일반지보다 가격이 조금 높습니다.

· 유포지: 종이 자체에 코팅이 되어 있으며 잘 찢어지지 않고 물에 잘 젖지 않는 종이입니다.

· 반누보: 최고도의 인쇄 효과를 내도록 표면을 특수 코팅 처리하여 발색이 좋습니다.

· 랑데뷰: 두터운 느낌과 부드러운 감촉을 가진 종이입니다. 이미지 발색이 좋아 고급 인쇄에 많이 사용됩니다.

· 린넨커버(휘라레): 직물 무늬가 있으며, 부드러운 색감과 질감을 표현하기 좋습니다.
· 띤또레또: 올록볼록한 엠보싱의 독특한 질감이 있는 종이로 수채화나 드로잉 용도로 많이 사용합니다.
· 매쉬멜로우: 표면이 매끄러우며 선명한 이미지 표현이 가능합니다.
· 크라프트: 빈티지한 느낌의 갈색 종이로 자연 친화적인 이미지를 표현하기 좋습니다.
· 팝셋: 크림색 종이 위에 은색 펄이 있어 고급스러운 느낌이 납니다.

2. 후가공

· 귀도리: 모서리를 둥글게 잘라내는 작업입니다.
· 미싱(칼집 넣기, 줄내기): 종이를 뜯기 쉽게 점선의 칼집을 넣는 작업입니다. 티켓 절취선에 많이 사용합니다.
· 오시(누름선): 접히는 부분에 미리 압력을 가해 깔끔하게 잘 접힐 수 있도록 하는 작업입니다. 두꺼운 종이는 오시 없이 접을 때 종이가 터지는 일이 발생하기에 이를 방지하기 위해 사용합니다.
· 박: 원하는 모양의 금형을 만든 다음 박지를 놓고 열과 압력을 가해 종이에 입히는 후가공입니다.
· 형압: 원하는 모양을 튀어나오거나 들어가게 만드는 효과를 줍니다.
· 타공: 종이에 원형의 구멍을 내는 작업입니다.
· 별색: CMYK의 조합이 아닌 형광, 금색, 은색 등 특정 색을 인쇄합니다.

PRODUCT   염서

DETAIL

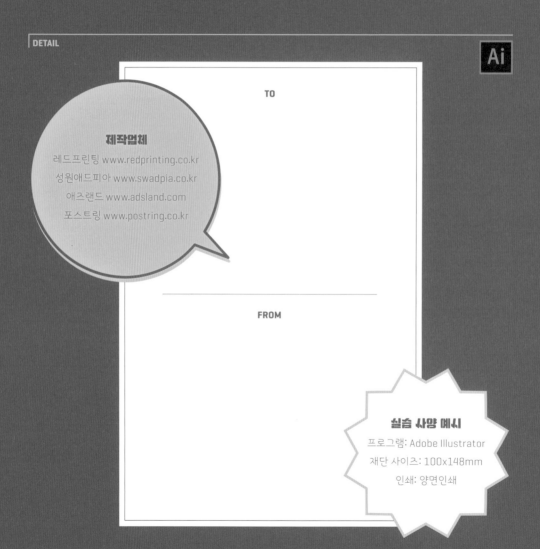

제작업체

레드프린팅 www.redprinting.co.kr
성원애드피아 www.swadpia.co.kr
애즈랜드 www.adsland.com
포스트링 www.postring.co.kr

실습 사양 예시
프로그램: Adobe Illustrator
재단 사이즈: 100x148mm
인쇄: 양면인쇄

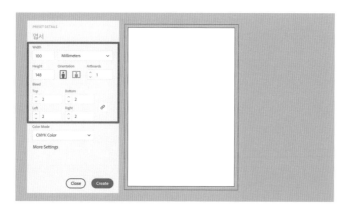

①

엽서의 규격 사이즈인
100x148mm에 사방 여백 2mm를
추가해 새 아트보드를 만듭니다.
[File ▸ New]

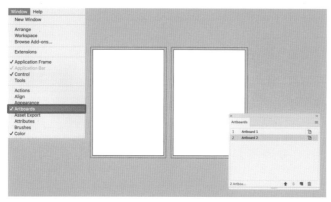

②

[Window ▸ Artboards]*를 열어
아트보드를 하나 더 추가합니다.

* 윈도우 ▸ 대지 ▸ 새 대지

앞면   뒷면

③

엽서의 앞면, 뒷면을
디자인합니다. 배경이 있는
엽서는 여백을 준 작업선까지
가득 채워야 인쇄 사고가
나지 않습니다.

④

[Rectangle Tool]을 이용해
면, 선 없는 재단선 100 x148mm와
작업선 104x152mm를 만듭니다.
가이드는 가로, 세로 정렬하여
정 가운데 배치합니다. 뒷면도
동일하게 만듭니다.

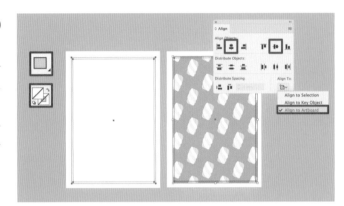

⑤

앞면과 뒷면은 각각
전체 선택하여 그룹화합니다.

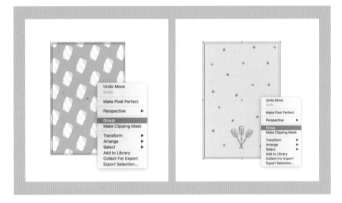

⑥

[File ▸ Save ▸
Adobe PDF]로 저장합니다.

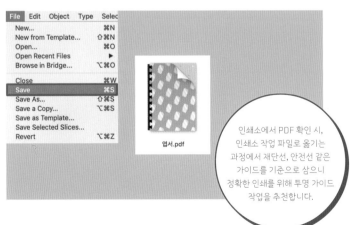

인쇄소에서 PDF 확인 시,
인쇄소 작업 파일로 옮기는
과정에서 재단선, 안전선 같은
가이드를 기준으로 삼으니
정확한 인쇄를 위해 투명 가이드
작업을 추천합니다.

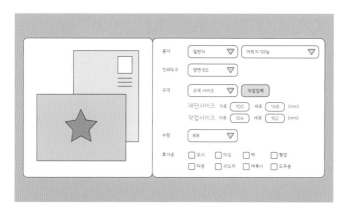

7

제작 업체의 엽서 주문 화면에서
사이즈, 수량 등 옵션을 선택합니다.

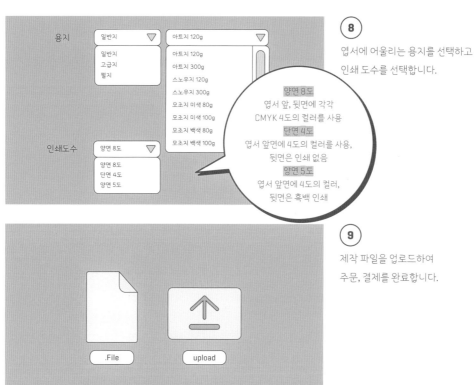

8

엽서에 어울리는 용지를 선택하고
인쇄 도수를 선택합니다.

양면 8도
엽서 앞, 뒷면에 각각
CMYK 4도의 컬러를 사용
단면 4도
엽서 앞면에 4도의 컬러를 사용,
뒷면은 인쇄 없음
양면 5도
엽서 앞면에 4도의 컬러,
뒷면은 흑백 인쇄

9

제작 파일을 업로드하여
주문, 결제를 완료합니다.

명함

제작업체

로이프린팅 www.roiprinting.co.kr
비즈하우스 www.bizhows.com
성원애드피아 www.swadpia.co.kr
인터프로인디고
www.interproindigo.com

실습 사양 예시

프로그램: Adobe Illustrator
재단 사이즈: 90x50mm
인쇄: 양면인쇄

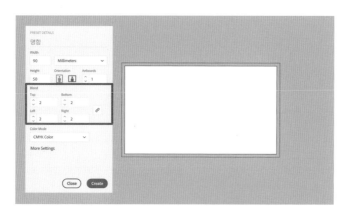

① 명함 사이즈인 90x50mm에
사방 여백 2mm를 더한
새 아트보드를 만듭니다.
[File ▸ New]

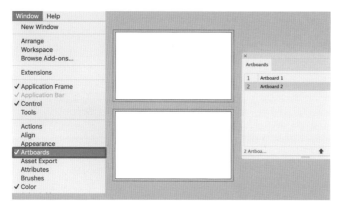

② [Window ▸ Artboards]*를 열어
아트보드를 하나 더 추가합니다.

* 윈도우 ▸ 대지 ▸ 새 대지

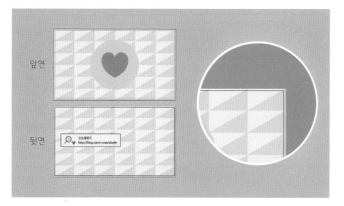

③ 명함의 앞, 뒷면을 디자인합니다.
배경이 있을 경우 여백을 준
작업선까지 배경을 채워야 인쇄
사고가 나지 않습니다.

④

글자는 오른쪽 마우스 클릭 후
[Create Outlines]'를 합니다.

* 윤곽선 만들기

⑤

명함 뒷면에 QR코드를
넣어보겠습니다. 제작해둔 QR코드를
[File ▸ Open]으로 불러옵니다.

QR코드 제작 방법
'네이버 QR코드'를 검색하여
'나만의 QR코드 만들기'로 제작할
수 있습니다. 만든 QR코드를
ESP, JPG, GIF, TIF 형식으로
다운로드 합니다.

⑥

불러온 QR코드를 복사한 뒤,
[인쇄파일-뒷면] 레이어에
붙여넣기한 후 원하는 위치에
QR코드를 옮깁니다.

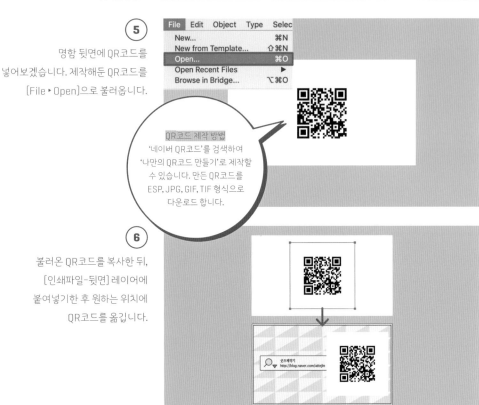

⑦
QR코드의 흰색 바탕면을 줄이고
싶다면, [Rectangle Tool]로 원하는
크기의 사각형을 만든 뒤,
QR코드 위에 옮긴 후, 두 오브젝트를
함께 선택합니다. 오른쪽 마우스
클릭 후 [Make Clipping Mask]*를
하면 QR코드 여백이 줄어듭니다.

클리핑 마스크 Clipping Mask
기능이란?
원본 이미지 손상 없이 원하는
모양으로 자를 수 있는 간편한
방법입니다. 클리핑 마스크를 풀 때는
오른쪽 마우스 클릭 하여[Release
Clipping Mask]를 선택하면
다시 두 개의 오브젝트로
나눌 수 있습니다.

* 클리핑 마스크 만들기

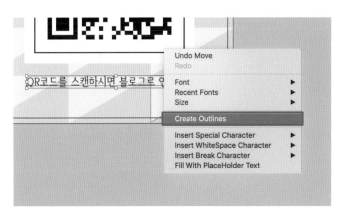

⑧
QR코드 아래 안내 문구를 삽입한 후,
오른쪽 마우스를 클릭하여
[Create Outlines]을 합니다.

9

아웃라인이 된 글씨는
글씨 자체에 테두리가 생깁니다.

10

명함 앞면인 아트보드 1을 선택한
뒤 [Rectangle Tool]로 면, 선 없음
처리를 한 재단선 90x50mm와
작업선 94x54mm를 만듭니다.

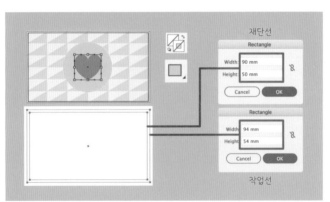

11

작업선과 재단선은 [Align]을
이용하여 아트보드 정 가운데에
위치합니다.

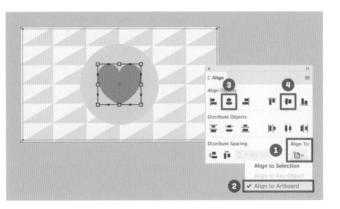

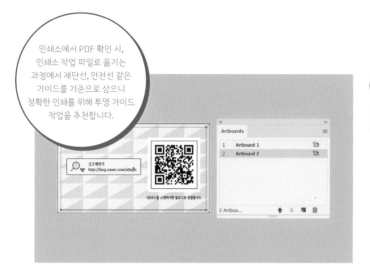

인쇄소에서 PDF 확인 시,
인쇄소 작업 파일로 옮기는
과정에서 재단선, 안전선 같은
가이드를 기준으로 삼으니
정확한 인쇄를 위해 투명 가이드
작업을 추천합니다.

⑫
뒷면도 동일하게 투명 작업선과
재단선을 만들어줍니다.

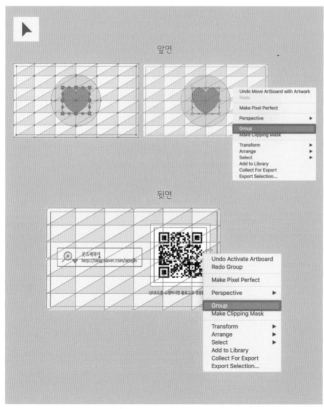

⑬
앞면을 [Selection Tool]로 전체를
드래그하여 오른쪽 마우스를
클릭 후 그룹화합니다. 뒷면도
동일하게 그룹화합니다.

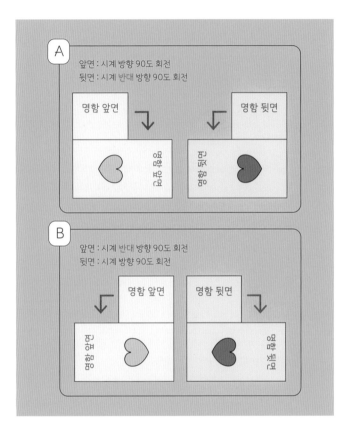

tip

세로 명함은 가로로
회전하여 PDF를 만듭니다.
(업체마다 회전 방법이 다르니
먼저 확인합니다.)

A

앞면 : 시계 방향 90도 회전
뒷면 : 시계 반대 방향 90도 회전

명함 앞면

명함 뒷면

명함 앞면

명함 뒷면

B

앞면 : 시계 반대 방향 90도 회전
뒷면 : 시계 방향 90도 회전

명함 앞면

명함 뒷면

명함 앞면

명함 뒷면

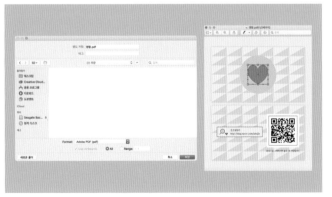

(14)

ai 파일 [File ▸ Save ▸
Format: Adobe PDF]로 저장합니다.

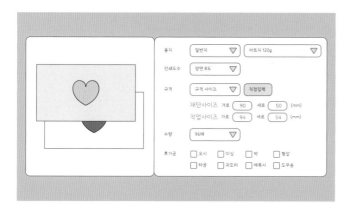

15

제작 업체의 명함 주문 화면에서
용지, 사이즈, 수량 등
인쇄 옵션을 선택합니다.

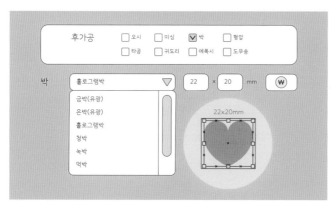

16

후가공이 있다면 후가공 옵션을
선택합니다. 예를 들면 후가공의
[박] 부분을 체크하면
아래 옵션 창이 생깁니다.
원하는 박 종류를 선택한 뒤,
박 사이즈를 적고 추가 금액을
확인합니다.

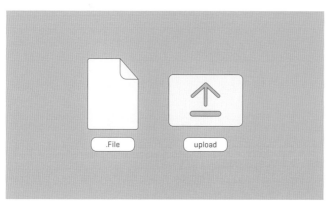

17

파일을 업로드하고 주문을
완료합니다.

CATEGORY

PAPER GOODS - 03

PRODUCT

떡메모지

DETAIL

Ai

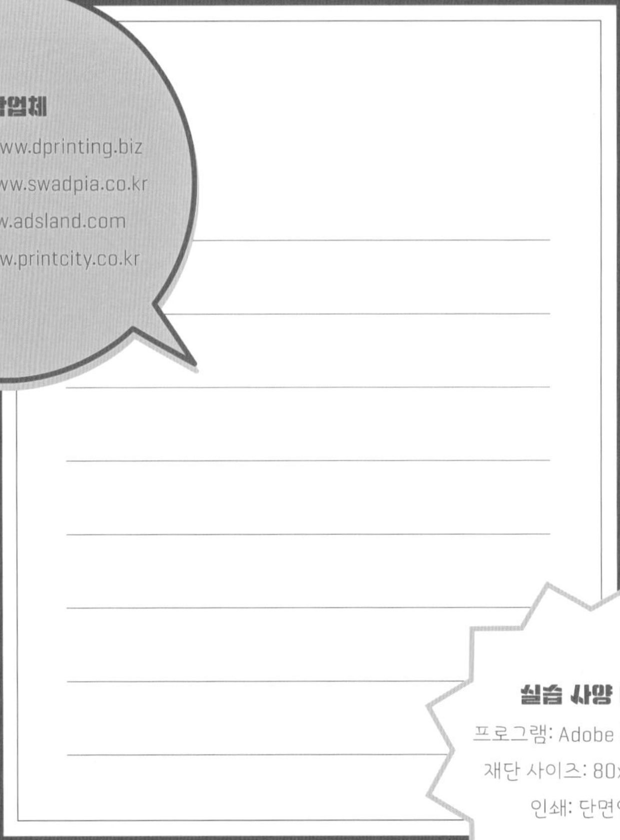

제작업체

디지털프린팅 www.dprinting.biz

성원애드피아 www.swadpia.co.kr

애즈랜드 www.adsland.com

프린트시티 www.printcity.co.kr

실습 사양 예시

프로그램: Adobe Illustrator

재단 사이즈: 80x106mm

인쇄: 단면인쇄

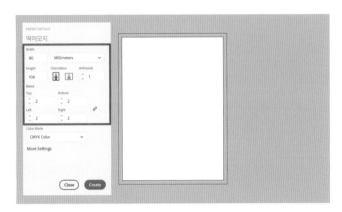

1

업체에서 다운받은 템플릿을
이용하거나 새 아트보드를 만들어
재단 사이즈 80x106mm에
사방 여백 2mm를 추가해 작업
사이즈 84x110mm를 만듭니다.
[File ▸ New]

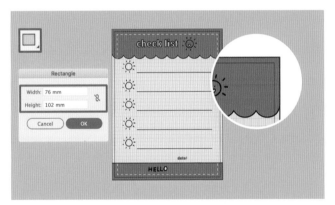

2

[Ractangle Tool]로 76x102mm의
안전선을 만들어 중요한 글씨와
그림이 모두 들어가게 디자인합니다.
배경은 작업선까지 채웁니다.

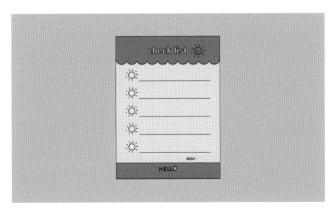

3

디자인이 모두 완성되었으면
안전선을 지워줍니다.

④

[File ▸ Save As ▸ Adobe PDF]로
저장합니다.

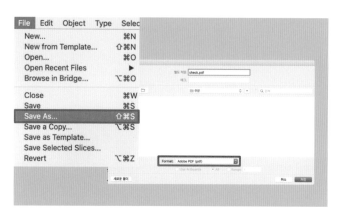

⑤

제작 업체의
떡메모지 주문 화면에서
옵션을 선택합니다.

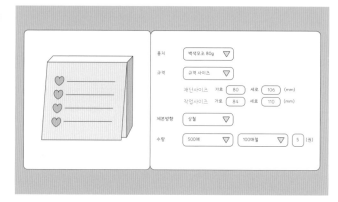

⑥

인쇄 옵션에서 제본 방향을
선택합니다.

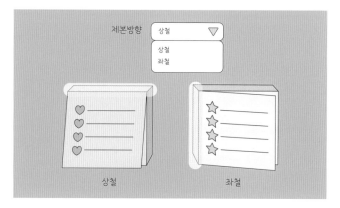

수량에서 [수량(100매철) :
500장 (5권)]의 뜻은 떡메모지
1권 당 100장의 종이로 이루어져
있다는 의미입니다. 떡메모지 100매,
5권을 주문할 경우 메모지는
500장이 인쇄된다는 뜻입니다.

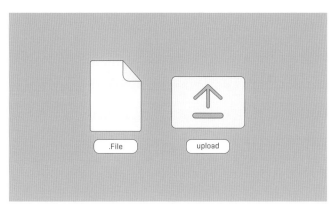

8

옵션을 모두 선택했으면
파일을 업로드하고
주문, 결제를 완료합니다.

PRODUCT

달력

DETAIL

제작업체

스냅스 www.snaps.com

인터프로인디고

www.interproindigo.com

포스트링 www.postring.co.kr

후니프린팅

www.huniprinting.com

JANUARY

1	2	3	4	5	6
7	8	9	10	11	12	13
14	15	16	17	18	19	20
21	22	23	24	25	26	27
28	29	30	31			

실습 사양 예시

프로그램: Adobe Illustrator,

Adobe Photoshop

재단 사이즈: 130x230mm

인쇄: 단면인쇄

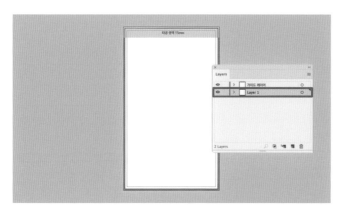

① 일러스트레이터를 열어
업체에서 다운받은 달력 템플릿을
불러옵니다. 가이드 레이어가
아닌 추가로 생성한 레이어 위에
작업합니다.
[File ▸ Open]

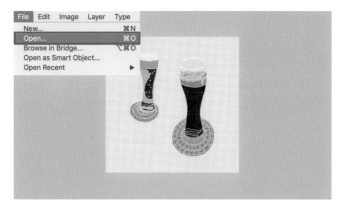

② 그림 파일을 포토샵에서 가져와
일러스트레이터에 옮기는 과정을
보여 드리겠습니다. 포토샵을 열어
그림 또는 사진 파일을 불러옵니다.
[File ▸ Open]

③ [Rectangular Marquee Tool]
혹은 [Lasso Tool]로 그림을 선택해
복사합니다.

④

일러스트레이터 프로그램으로
돌아와 바로 붙여넣기를 합니다.

Ai

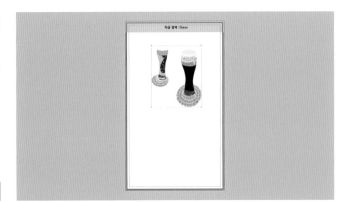

⑤

똑같은 방법으로 포토샵에서
손글씨 파일을 불러와
월(Month)도 복사한 다음
일러스트레이터로 돌아와
같은 방법으로 붙여넣기합니다.

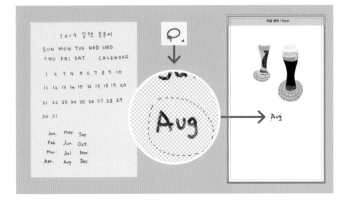

⑥

일(Day) 부분은
작업하기 편하도록 [Rectangular
Grid Tool]*을 클릭하여
화면에 나오는 [Rectangular Grid
Tool Options]에서 [Horizontal
Dividers] 수치를 5(가로 5등분),
[Vertical Dividers] 수치를
6(세로 6등분)합니다.
* 사각형 격자 도구

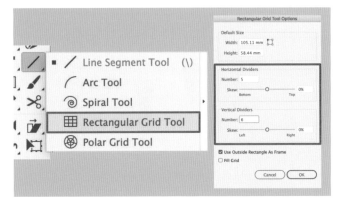

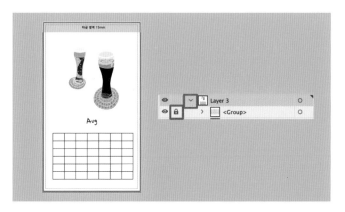

7

격자를 원하는 위치로 옮기고 사이즈를 조절한 뒤, 면 없이 테두리 선만 얇게 지정한 후 틀이 움직이지 않게 레이어를 잠궈줍니다.

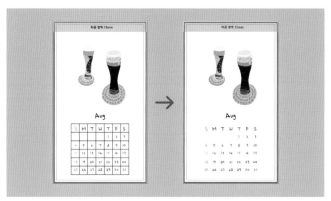

8

⑤와 같은 방법으로 날짜와 요일을 채워줍니다. 날짜를 다 넣었으면 레이어에서 눈 모양의 아이콘을 꺼 격자가 보이지 않게 설정합니다.

9

프린터를 해서 실제 느낌과 비교합니다. [File ▸ Print] 이 때 [Makes and Bleed]*에서 Marks 부분을 체크하면 재단 영역이 함께 인쇄되어 편리합니다.

* 파일 ▸ 인쇄 ▸ 보기와 도련

10

프린터해본 뒤 수정 사항을
적용하여 디자인을 완성합니다.

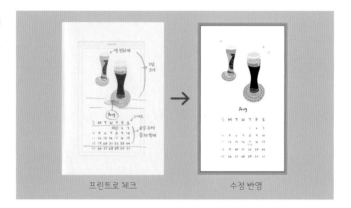

프린트로 체크   수정 반영

11

같은 방법으로 표지와 1~12월의
디자인을 완성합니다.
가이드 레이어의 눈을 꺼
보이지 않도록 합니다.

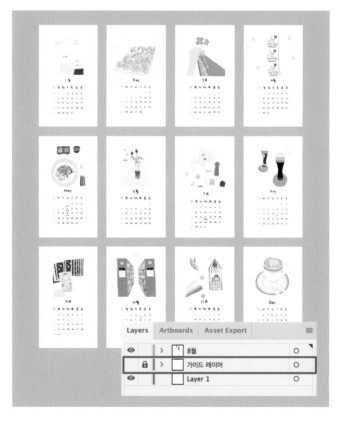

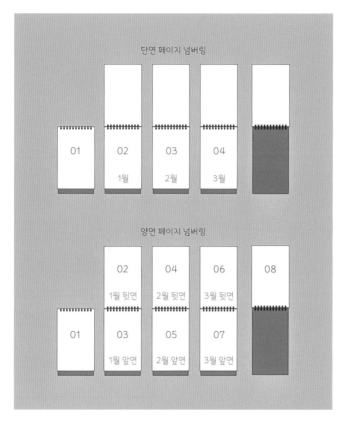

단면 페이지 넘버링

| 01 | 02 | 03 | 04 | |
| | 1월 | 2월 | 3월 | |

양면 페이지 넘버링

	02	04	06	08	
	1월 뒷면	2월 뒷면	3월 뒷면	
01	03	05	07	
	1월 앞면	2월 앞면	3월 앞면	

달력이 단면, 양면일 경우
파일 이름 넘버링이 다릅니다.
01부터 표지가 됩니다.
예를 들어 단면일 경우 02가
1월이 되고, 03은 2월이 됩니다.
양면일 경우는 일반적으로
02는 1월 뒷면, 03이 1월 앞면,
04는 2월 뒷면, 05가 2월 앞면이
되니 왼쪽을 참고하여
달력 넘버링을 확인하세요.

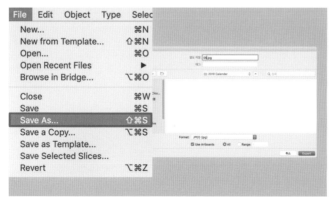

File	Edit	Object	Type	Selec
New...				⌘N
New from Template...			⇧⌘N
Open...				⌘O
Open Recent Files			▶
Browse in Bridge...			⌥⌘O
Close				⌘W
Save				⌘S
Save As...				⇧⌘S
Save a Copy...			⌥⌘S
Save as Template...			
Save Selected Slices...			
Revert				⌥⌘Z

[File ▸ Save As]를 누른 뒤
[Format: JPEG]로 선택합니다.
파일 이름은 표지부터 차례로
[01, 02 ... 13]로 합니다.

(14)

13개의 JPG 파일을
모두 선택한 뒤,
압축파일로 만듭니다.
파일 명은 숫자 또는 영문이
좋습니다.

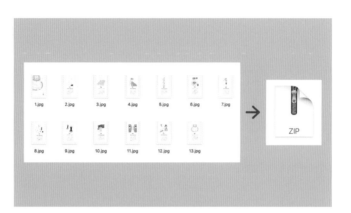

(15)

제작 업체의 달력 주문 화면에서
사이즈 및 수량을 선택합니다.

(16)

페이지를 고릅니다. 본 예시는
표지 포함 13장의 디자인으로
설정하여 [단면 13~16p]를
고릅니다.

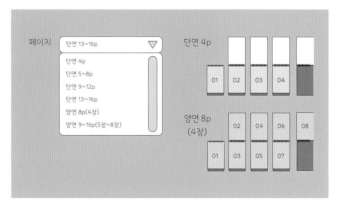

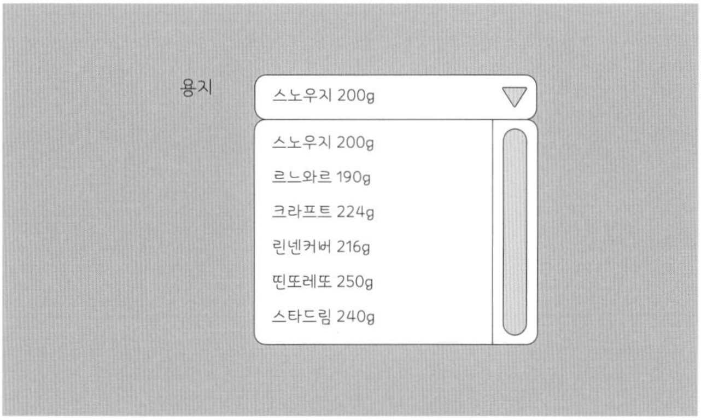

(17)

용지를 선택합니다. 달력에 많이 쓰는 종이는 스노우지와 르느와르이며, 디자인한 이미지에 맞게 종이를 선택합니다.

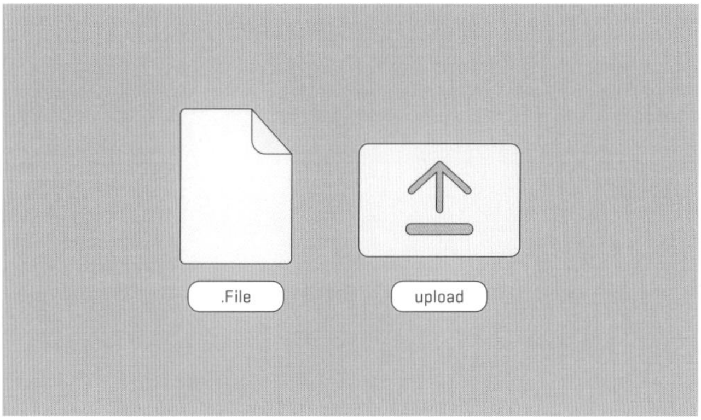

(18)

달력 파일을 업로드한 뒤 주문, 결제를 완료합니다.

4장

문구류 굿즈

PRODUCT

마스킹 테이프

DETAIL

Ai

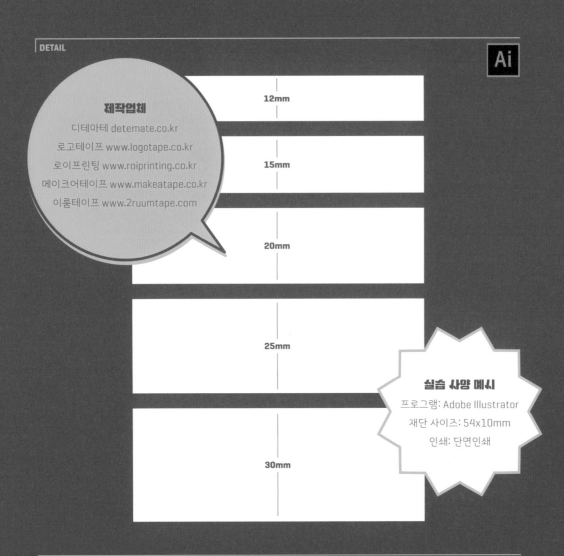

제작업체
디테마테 detemate.co.kr
로고테이프 www.logotape.co.kr
로이프린팅 www.roiprinting.co.kr
메이크어테이프 www.makeatape.co.kr
이룸테이프 www.2ruumtape.com

12mm

15mm

20mm

25mm

30mm

실습 사양 예시
프로그램: Adobe Illustrator
재단 사이즈: 54x10mm
인쇄: 단면인쇄

1. 마스킹 테이프 규격

테이프 세로 길이는 대부분 12~30mm로 그 외 사이즈는 별도로 문의해야 합니다. 마스킹 테이프의 총 길이는 10m이며 도안 제작 시 가로 길이는 제한이 없습니다. 마스킹 테이프의 접착력이나 종이 두께를 확인하기 위해 제작 업체에서 샘플을 받아볼 수 있습니다.

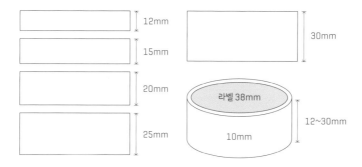

2. 인쇄 방식

· 중앙 인쇄 방식: 상하 여백 1mm 안전선 안에 디자인이 들어간 인쇄 방식이며 가장 많이 제작됩니다.

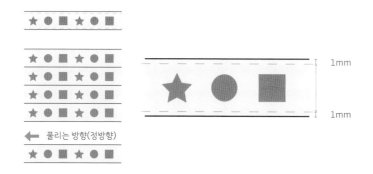

· 상하 맞물림 방식: 배경이 일정한 패턴으로 구성되어 상하로 부착 시
  패턴이 이어지게 하는 방식입니다.

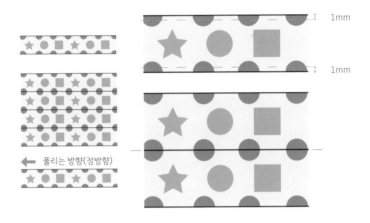

· 상하 반전 방식: 배경 패턴이 일정하지 않을 때 상하로 반전시켜 인쇄
  하는 방식입니다.

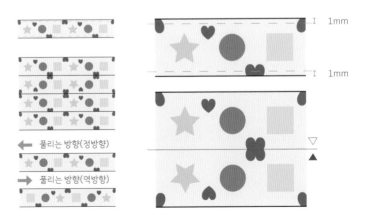

· 투 터치 방식: 배경 패턴이 일정하지 않으며, 글씨가 들어가거나 상하로 반전시킬 수 없는 이미지가 들어간 디자인일 때 인쇄하는 방식으로, 상하로 2.5mm씩 여백을 줍니다.

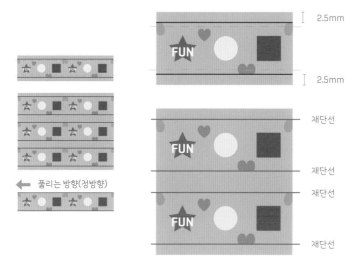

3. 마스킹 테이프 제작하기

①

세로 12~30mm 중 원하는 사이즈를
골라 제작 업체의 템플릿을 다운로드
합니다. 예시는 세로 12mm 사이즈
테이프이며 가로 길이는 원하는
크기로 조절이 가능합니다.
[File ▸ Open]

②

마스킹 테이프를 디자인합니다.
상하 가이드(하늘색) 안으로
디자인이 들어가 있으면
'중앙 인쇄 방식'으로 제작됩니다.

tip

테이프 여백 주의 사항
예시로 제작한 테이프는 하트의
간격이 10mm로 '일정'하게
디자인했습니다. 여기서 주의할 점은
동일한 간격 값을 주게 되면
2번과 같이 두 배의 여백이 생기기
때문에 도안의 앞, 뒤 간격은
절반으로 설정합니다.

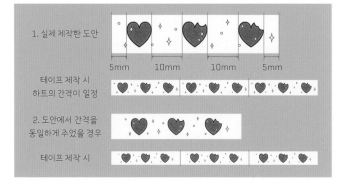

1. 실제 제작한 도안

5mm 10mm 10mm 5mm

테이프 제작 시
하트의 간격이 일정

2. 도안에서 간격을
동일하게 주었을 경우

테이프 제작 시

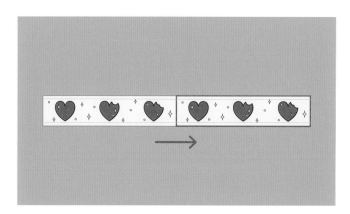

[Alt]키와 [Shift]키를 함께 눌러
바로 옆으로 복사 이동하여
도안이 자연스럽게 이어지는지
확인합니다.

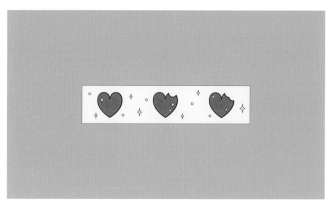

도안이 모두 완성되었으면
가이드를 삭제하고 모든 오브젝트를
선택한 후 오른쪽 마우스를 클릭하여
[Group]을 합니다.

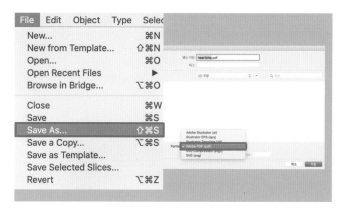

[File ▸ Save As]에서 Format을
[Adobe PDF]로 저장합니다.

6

[Save Adobe PDF] 옵션에서
Adobe PDF Preset을
[Hight Quality Print]로,
Compatibility를
[Acrobat 6(PDF 1.5)]로,
[Create Acrobat Layers from
Top-Level Layers]를 체크하여
pdf를 만듭니다.

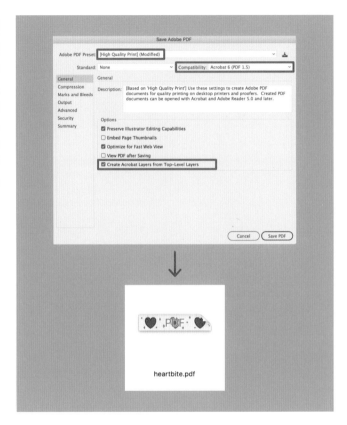

heartbite.pdf

4. 마스킹 테이프 라벨 제작하기

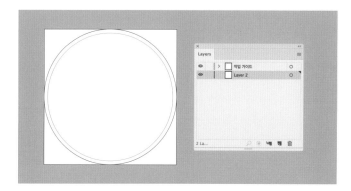

1

마스킹 테이프 포장용 라벨 작업을
위해 업체에서 다운받은 원형 라벨
템플릿을 열어줍니다.
라벨의 재단 사이즈는 38mm로,
작업 사이즈는 여백을 주어
41mm로 제작합니다.
[File ▸ Open]

2

작업 가이드를 고려하여
라벨을 디자인합니다. 디자인이
완성되면 작업 가이드는 삭제합니다.

3

라벨은 [File ▸ Export ▸
Export As ▸ JPEG]파일로,
[Use Artboards]를 선택하여
저장합니다.

④

[라벨.jpg]와 [테이프.pdf]가
완성되었습니다.

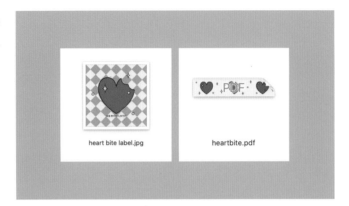

heart bite label.jpg

heartbite.pdf

⑤

제작 업체의 마스킹 테이프
주문 화면에서 옵션을 선택합니다.

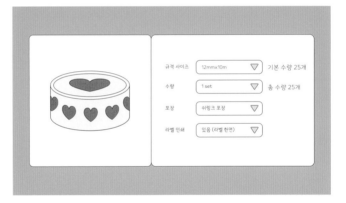

규격 사이즈	12mm×10m ▽	기본 수량 25개
수량	1 set ▽	총 수량 25개
포장	쉬링크 포장 ▽	
라벨 인쇄	있음 (라벨 한면) ▽	

⑥

사이즈에 따라 주문 최소 수량이
다릅니다. 기본 수량인 1set 단위로
주문이 가능합니다.

규격 사이즈   12mm×10m ▽

12mm×10m
15mm×10m
20mm×10m
25mm×10m
30mm×10m
개별제작

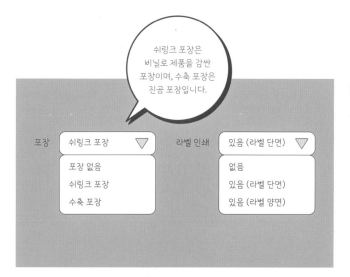

쉬링크 포장은
비닐로 제품을 감싼
포장이며, 수축 포장은
진공 포장입니다.

⑦

포장 종류와 라벨 인쇄를
선택합니다.

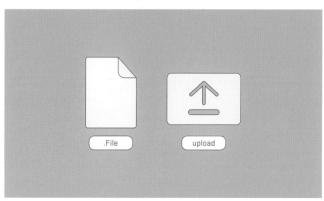

⑧

파일을 업로드합니다.

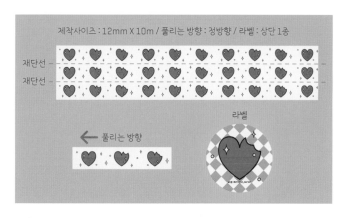

⑨

결제 후 시안을 받아 테이프 문양이
잘 이어져 있는지, 풀리는 방향과
라벨이 제대로 접수 되었는지
확인합니다.

CATEGORY

STATIONERY GOODS - 02

PRODUCT

자석 북마크

DETAIL

Ai

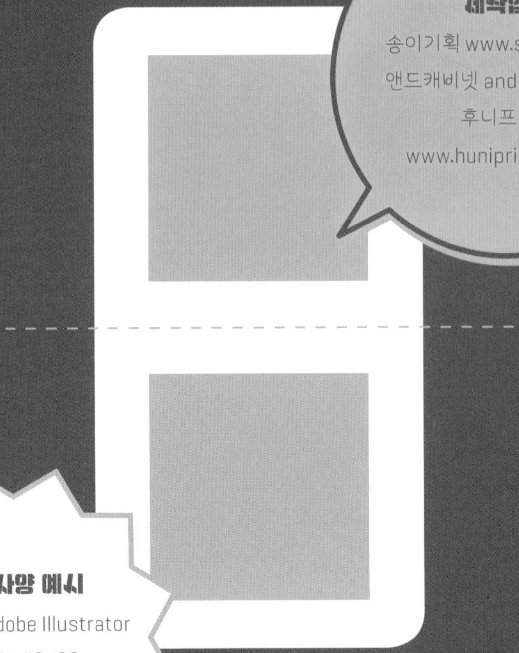

제작업체

송이기획 www.sip7765.com

앤드캐비넷 andcabinet.com

후니프린팅

www.huniprinting.com

실습 사양 예시

프로그램: Adobe Illustrator

재단 사이즈: 40x80mm

인쇄: 단면인쇄

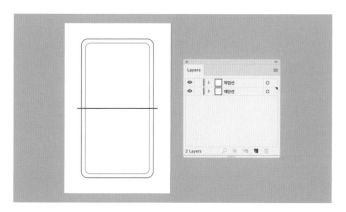

① 새 아트보드를 열고 재단선과
작업선의 가이드를 만듭니다.
업체 템플릿을 사용해도 됩니다.
[File ▸ New]

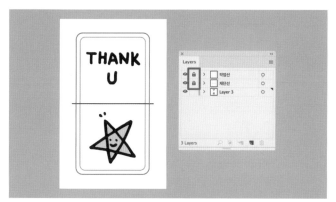

② 작업선, 재단선 레이어를 움직이지
않게 잠근 후, 새 레이어를 맨 아래에
만듭니다. 북마크에 넣을 그림을
불러오고 위치를 설정합니다.

③ 가운데 검은 실선 위에 있는 부분은
북마크가 실제 제작되었을 시,
뒷면에 해당합니다. 뒷면 그림은
180도 회전시켜 줍니다.

④

배경이 있다면 작업선까지 채웁니다.
[Rectangle Tool]을 이용해
작업선까지 큰 사각형을 만들고,
맨 뒤로 이동 시켜 그림이
보이게 합니다.

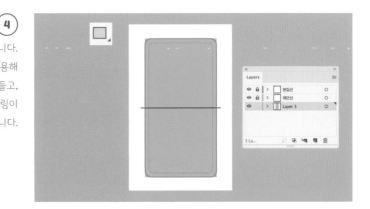

⑤

[Fill Color]를 원하는 색으로
바꿔줍니다.

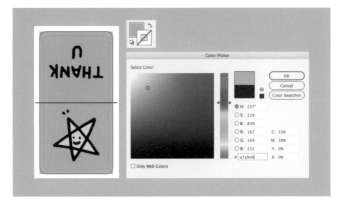

⑥

이미지가 완성되었다면,
재단선은 보이지 않게 눈을
꺼주고, 작업선과 그림만
보이게 설정합니다.

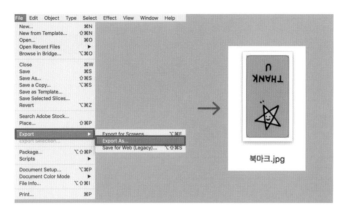

 ⑦

[File ▸ Export ▸ Export As]에서
JPG로 저장합니다.

북마크.jpg

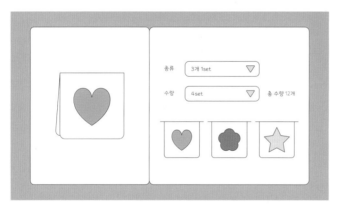

 ⑧

제작 업체의 자석 북마크
주문 화면에서 옵션과 1set에
들어가는 자석 북마크의
디자인 개수를 선택합니다.

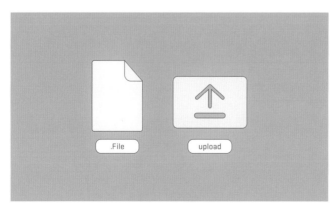

⑨

옵션을 모두 선택 후 파일을
업로드하여 주문, 결제를
완료합니다.

PRODUCT

투명 포토 카드

DETAIL

제작업체

레드프린팅 www.redprinting.co.kr
로이프린팅 www.roiprinting.co.kr
성원애드피아 www.swadpia.co.kr
스냅스 www.snaps.com
프린팅팅 printingting.com

실습 사양 예시

프로그램: Adobe Photoshop
Adobe Illustrator
재단 사이즈: 50x90mm
인쇄: 실버 50u+백색
+컬러 인쇄

①
포토샵을 열어 포토 카드에 사용할
사진을 불러옵니다.
[File ▸ Open]

②
[Lasso Tool]이나 [Pen Tool]로
원하는 부분의 테두리를 따줍니다.

누끼따기
p.203 참고

③
테두리를 모두 활성화한 다음
복사하여 붙여넣기 하면
원하는 이미지 부분만 배경 없이
얻을 수 있습니다.

4

원본 레이어의 눈을 꺼주면
배경 없는 오브젝트가 보입니다.
[Rectangular Marquee Tool]로
사진을 선택한 후 복사합니다.

5

일러스트레이터 프로그램을 열어
포토카드 사이즈에 맞게
새 아트보드를 만듭니다.
[File ▶ New]

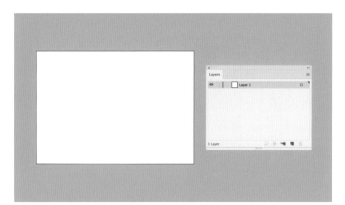

Ai

6

포토샵에서 복사한 사진을
일러스트레이터 아트보드에
붙여넣기합니다. 모서리를 잡고
안쪽으로 드래그하여 아트보드
사이즈에 맞게 크기를 줄여줍니다.

포토샵과 일러스트레이터는
서로 호환이 가능하며
바로 복사, 붙여넣기가
가능합니다.

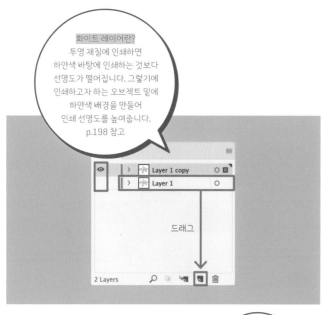

화이트 레이어란?
투명 재질에 인쇄하면
하얀색 바탕에 인쇄하는 것보다
선명도가 떨어집니다. 그렇기에
인쇄하고자 하는 오브젝트 밑에
하얀색 배경을 만들어
인쇄 선명도를 높여줍니다.
p.198 참고

드래그

(7)

화이트 레이어를 만들기 위해
사진 레이어를 [Create a new layer]
아이콘에 드래그하여 레이어를
복사한 뒤, 복사한 레이어의 눈만
켜줍니다.

옵션 바가
보이지 않을 경우
[윈도우 ▸ 제어]를
켜주세요.

(8)

복사한 사진 오브젝트를
[Selection Tool]로 선택한 후,
옵션 바의 [Image Trace ▸
Black and White Logo]*를
클릭합니다.

* 이미지 추적 ▸ 사전 설정 ▸ 흑백 로고

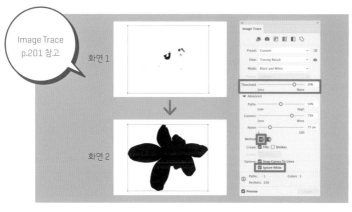

Image Trace
p.201 참고

화면 1

화면 2

(9)

화면 ①처럼 나올 경우
[Window ▸ Image Trace] 창을 열어
[Threshold] 값을 조절한 후,
배경을 없애기 위해 [Igmore
White]*를 클릭합니다.

* 윈도우 ▸ 이미지 추적 ▸ 고대비 값 조정 ▸
  고급 ▸ 공백 무시 체크

(10)

오브젝트를 클릭한 후
[Expand]*를 눌러 패스화합니다.

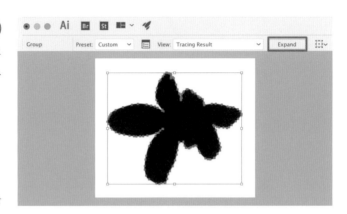

* 확장

(11)

화이트 레이어를 사진 레이어 아래로
드래그하여 옮긴 뒤, 패스로 바뀐
오브젝트를 선택합니다.

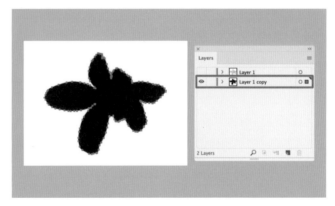

(12)

[Object ▸ Path ▸ Offset Path]*를
클릭한 다음 Offset에 [-0.3mm]를
적은 뒤 [OK]를 누르면 -0.3mm
작아진 패스가 생긴 것을 볼 수
있습니다.

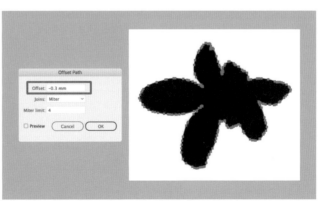

* 오브젝트 ▸ 패스 ▸ 패스 이동

이미지와 동일한 크기의
화이트 레이어

-0.3mm Offset
화이트 레이어

tip

Offset으로 0.3mm 줄여주는 이유

인쇄 시 밀림현상이 일어날 수
있어 사진 크기에 맞춰 화이트
레이어를 제작했을 때 흰색이
튀어나와 인쇄되기도 합니다. 이런
현상을 막기 위해 사진 사이즈보다
0.2mm~0.3mm 작게 만들면 훨씬
더 깔끔한 인쇄물이 됩니다.

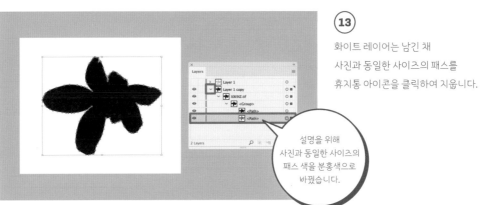

13

화이트 레이어는 남긴 채
사진과 동일한 사이즈의 패스를
휴지통 아이콘을 클릭하여 지웁니다.

설명을 위해
사진과 동일한 사이즈의
패스 색을 분홍색으로
바꿨습니다.

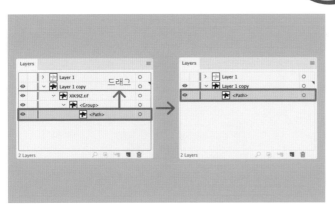

드래그

14

레이어가 복잡할 경우
<Path> 레이어를 드래그하여
<Path>만 남도록 레이어를
깔끔하게 정리합니다.

15

투명 포토 카드에 사용할 사진의
화이트 레이어가 완성되었습니다.
사진 레이어에 눈을 켜
화이트 레이어가 밖으로 빠져나와
보이지 않는지 확인합니다.

16

일러스트레이터에서
[File ▸ New]로 50x90mm 사이즈의
새 아트보드를 만듭니다.
이때 사방 여백은 2mm로 만듭니다.

제작 업체의
재단 여백을
확인해주세요.

17

디자인을 완성하고
레이어를 추가해
화이트 레이어를 만듭니다.

컬러 레이어   화이트 레이어

글씨

꽃 그림

업체마다
투명도 옵션이
다르니 확인 후
진행합니다.

18

화이트 레이어의 투명도를 조절하여
비침을 다르게 할 수 있습니다.
영어 글씨는 [K=50%]로, 꽃 그림은
[K=100%]로 투명도를 달리합니다.

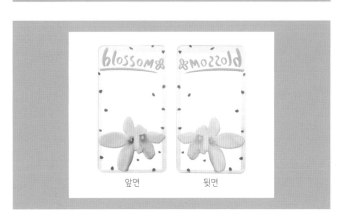

앞면

뒷면

tip

실제 투명 포토 카드 제작 모습입니다.
화이트 레이어를 만들지 않은 부분은
투명하게 인쇄가 되었고,
화이트 레이어(K=100%)를 만든
꽃은 선명하게, 영어 글씨(K=50%)는
반투명하게 인쇄된 것을 볼 수
있습니다.

19

컬러 레이어와 화이트 레이어를
확인 한 후 [File ▸ Save ▸
Format: Adobe PDF]로
저장합니다.
(PDF로 저장해도
일러스트레이터에서 파일로
열면 레이어와 작업 내역이
그대로 남아 있습니다.)

20

제작 업체의 투명 포토 카드
주문 화면에서 사이즈와 수량,
후가공 옵션을 선택합니다.

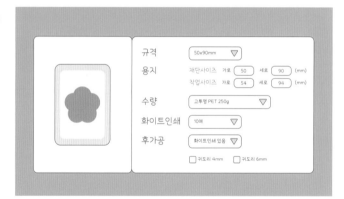

21

화이트 레이어 인쇄가 있다면
[화이트 인쇄 있음]을 선택합니다.

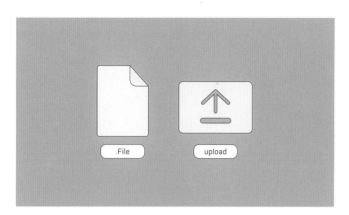

 22

옵션을 모두 선택 후 파일을
업로드하여 주문, 결제를 완료합니다.

PRODUCT

씰 스탬프

DETAIL

제작업체

소다스탬프 sodastamp.com

스탬프하우스

www.stamp-house.co.kr

코리아스탬프 koreastamp.kr

실습 사양 예시

프로그램: Adobe Illustrator

사이즈: 원형 20x20mm

인쇄: 황동 인쇄

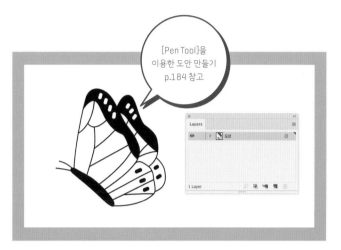

①

새 아트보드를 열어 [Pen Tool]을
이용해 만든 도안을 가져옵니다.
[File ▸ New]

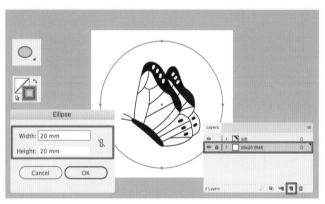

②

새 레이어에 [Ellipse Tool]을
이용하여 20x20mm의 선만 있는
원을 그려 안내선을 만든 후 안내선을
움직이지 않게 잠급니다.

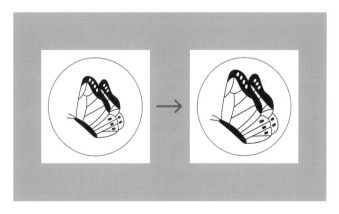

③

나비 그림의 도안을 안내선 안에서
원하는 크기로 조절합니다.

tip

오브젝트의 크기를 키울 때
선 굵기가 함께 늘어나는 경우가
있습니다. 처음에 설정한 선 굵기
그대로 오브젝트를 키우고 싶다면
사이즈를 조절하기 전 메뉴 바에서
[Preferences ▸ Scale Strokes
& Effects]*의 상자에 있는 체크를
해제합니다.

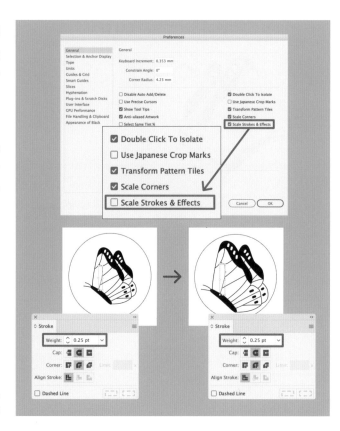

* 편집 ▸ 환경 설정 ▸ 일반
▸ 선과 효과 크기 조절 해제

씰 스탬프 도안을
완성합니다.

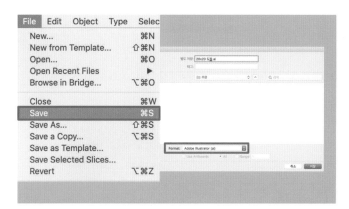

5

[File ▸ Save ▸ Adobe
Illustrator(ai)]로 저장합니다.

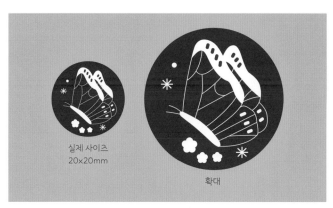

실제 사이즈
20x20mm

확대

6

제작 업체의 메일 혹은
홈페이지 게시판에 제작 의뢰서와
도안 파일을 올려 1차 시안을 받으면
수정할 부분을 체크하여 보냅니다.
최종 수정 후 제작에 들어갑니다.

도안　　　　시안　　　황동 도장　　　씰링 왁스

7

도안, 시안, 황동 도장,
씰링 왁스가 완성되었습니다.

PRODUCT

렌티큘러 카드

DETAIL

Ai

제작업체

디자인렌티 www.designlenti.com
렌티큘러코리아 lenticular.kr
쓰리디자인 www.3designart.co.kr
아르떼포토 artefoto.co.kr

실습 사양 예시

프로그램: Adobe Illustrator
재단 사이즈: 55x85mm
인쇄: 양면인쇄

1. 렌티큘러 카드란

각도에 따라 다른 그림을 볼 수 있는 카드로 2차원의 평면 이미지를 겹쳐 3차원 입체 효과를 낼 수 있습니다. 카드 외에 스티커로도 제작 가능합니다.

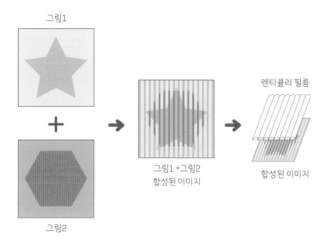

그림1

그림1 +그림2
합성된 이미지

렌티큘러 필름

합성된 이미지

그림2

2. 렌티큘러 카드 제작하기

① 새 아트보드를 만듭니다.
재단 사이즈 55x85mm에
사방 여백 2mm를 줍니다.
[File ▸ New]

② 렌티큘러는 앞면에 두 장의 그림이
필요합니다. 그림 레이어를
두 개로 분리하여 디자인합니다.

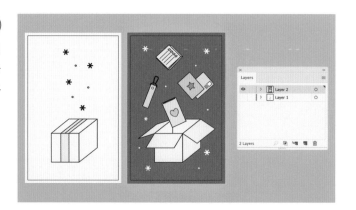

③ 새 레이어를 추가해
카드 뒷면을 디자인합니다.
(뒷면은 생략 가능합니다.)

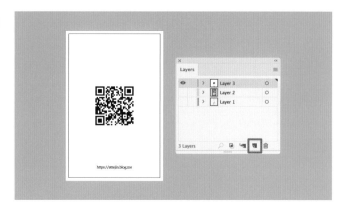

④ 각각의 레이어를
[File ▸ Export ▸ Export As]로,
Format은 [JPEG]로 저장합니다.

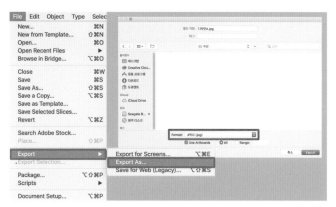

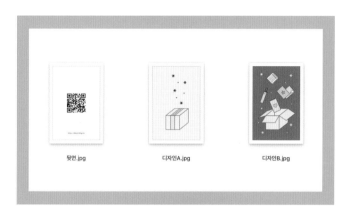

뒷면.jpg 디자인A.jpg 디자인B.jpg

5

완성된 세 개의 파일을
압축합니다.

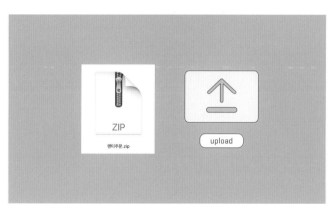

ZIP

렌티주문.zip upload

6

제작 업체에서 주문 결제 후
압축한 파일을 업체 메일로
전송합니다.

5장

액세서리 굿즈

PRODUCT

금속 배지

DETAIL

Ai

제작업체
러브뱃지 lovebadge.kr
만수메달 www.mansumedal.kr
뱃지몰 www.badgemall.com
엠디데코 mddeco.com
유앤아이 www.u-an-i.com

실습 사양 예시
프로그램: Adobe Illustrator
재단 사이즈: 30x30mm
인쇄: 금속 인쇄

1. 금속 배지 제작 과정

① 도안 제작 및 사양 선택

20x20mm / 금도금 / 일반칠

② 견적 문의

③ 업체 선정

제작 기간, 비용 등을 고려

④ 도안 파일 전송

⑤ 1, 2차 시안 받기

⑥ 입금

⑦ 최종 시안

⑧ 배송

⑤~⑦의 과정은 업체마다
순서가 다를 수 있습니다.

① 도안 제작 및 사양 선택

완성된 디자인과 사양이 있어야 정확한 견적을 받을 수 있습니다.

② 견적 문의

업체의 메신저 혹은 견적(문의) 게시판을 통해 도안 파일(ai 혹은
JPG, PNG 이미지 파일)을 보내 견적을 받습니다. [사이즈, 색상 수,
도금 종류, 칠 종류, 수량]을 반드시 작성합니다.

③ 업체 선정

최소 두세 곳 이상의 업체에 문의해 견적을 받고 제작 기간, 비용,
수량 등을 고려하여 알맞은 업체를 선정합니다.

④ 도안 파일 전송

　ai 파일로 된 도안을 보냅니다.

⑤ 1, 2차 시안

　1차 시안을 받고 양각, 음각 부분을 체크합니다. 추가로 수정할 부
분이 있다면 수정하여 2차 시안을 받습니다.

⑥ 입금

　진행하겠다는 의견을 보낸 후 금속 배지 비용을 입금합니다.

⑦ 최종 시안

　컬러가 포함된 금속 배지의 최종 시안을 받습니다. 확인 후 제작이
진행됩니다.(⑤~⑦ 과정은 업체마다 순서가 다를 수 있습니다.)

⑧ 제작 및 배송

　업체마다 기간은 다르지만 평균 영업일 기준 12~15일 정도 걸립니다.

⑨ 파본 확인

　파본을 확인합니다. 대략 10%의 파본이 있을 수 있으며 파본 기준
은 업체마다 다르니 제작 전에 확인하길 바랍니다. 수지칠의 경우
일반칠에 비해 불량률이 높은 편입니다.

2. 가격 상승 요인

금속 배지는 금형틀을 제작해 다른 굿즈보다 가격대가 높습니다. 디자
인에 따른 비용 상승을 고려해 도안 제작 시 참고하길 바랍니다.

① 크기와 컬러 수　② 디자인의 세밀함

③ 테두리 모양　④ 수량　⑤ 칠 종류

일반칠　수지칠

⑥ 도금 종류

흑니켈　금　홀로그램

① 크기와 컬러 수

크기가 커지고 색이 많아 질수록 가격이 높아집니다. 업체에서 정해둔 기본 컬러 수까지는 추가 금액이 없는 경우도 있습니다. (ex. 컬러 3개까지 가격 동일, 4개 이후 가격 상승)

② 디자인의 세밀함

디자인이 세밀하고 복잡할수록 가격이 높아집니다.

③ 테두리 모양

원형, 사각형 같은 기본 도형보다 복잡한 테두리는 가격이 높아집니다.

④ 수량

기본으로 최소 제작 수량이 100개입니다. 금형틀 제작 비용이 있기 때문에 배지 10개와 100개는 가격 차이가 많이 나지 않습니다.

⑤ 칠 종류

· 일반칠(약기칠): 음각에 페인트를 채워 넣는 방법으로 양각이 튀
어나와 입체감을 느낄 수 있습니다.

· 수지칠: 음각에 수지 페인트를 넣고 금속과 높이가 평평하도록 깎
아내는 방법으로 고급스럽고 깔끔합니다.

· 에폭시: 일반칠 위에 에폭시 용액을 씌우는 방법으로 볼록한 입체
감을 느낄 수 있습니다.

⑥ 도금 종류

흑니켈 < 니켈 < 동 < 로즈골드 < 금 < 홀로그램(레인보우) 순으로
가격이 높아집니다. 글리터, 야광 칠이 있을 경우 추가 금액이 발생
합니다.

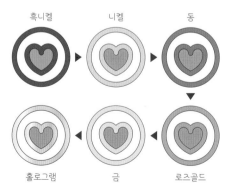

3. 금속 배지 제작하기

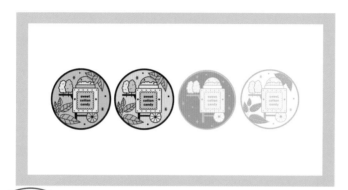

①
① 금속 배지 사이즈를 결정한 후 도안을 제작합니다. 예시는 30x30mm로 제작했습니다.

두세 곳 정도 견적을 비교하여 업체를 선정합니다.

예시) 동도금, 30x30mm, 일반칠, 100개, 5도

② 메신저, 메일, 견적 게시판을 이용하여 견적을 요청합니다. 도안(ai, JPG, PNG)과 함께 [사이즈, 색상 수, 도금 종류, 칠 종류, 수량]을 반드시 작성해야 정확한 견적을 알 수 있습니다.

선   컬러   컬러코드

③ 견적서를 받으면 업체에 도안이 담긴 일러스트레이터(ai) 파일을 전송합니다. 도안 파일은 [선, 컬러, 컬러코드]가 포함되어 있어야 합니다.

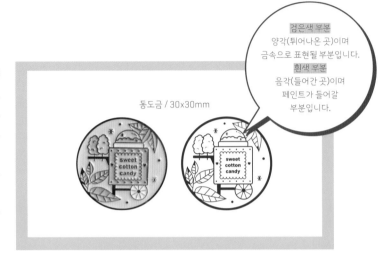

④ 제작 업체의 메일 혹은
시안 게시판으로 1차 시안을
받습니다. 예시의 경우
나뭇잎 끝부분이 색이 들어가기엔
좁아서 금속으로 표현했습니다.
추가로 수정 사항이 있으면
2차 시안을 받습니다.

검은색 부분
양각(튀어나온 곳)이며
금속으로 표현될 부분입니다.
흰색 부분
음각(들어간 곳)이며
페인트가 들어갈
부분입니다.

동도금 / 30x30mm

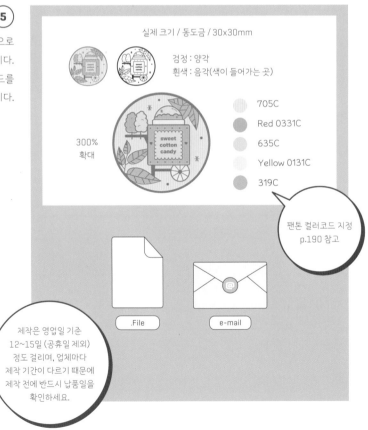

⑤ 시안 최종 컨펌 후에 최종으로
사용한 팬톤 컬러를 보냅니다.
마지막으로 도안과 별색 컬러코드를
확인 후 제작에 들어갑니다.

실제 크기 / 동도금 / 30x30mm

검정 : 양각
흰색 : 음각(색이 들어가는 곳)

300%
확대

705C
Red 0331C
635C
Yellow 0131C
319C

팬톤 컬러코드 지정
p.190 참고

.File

e-mail

제작은 영업일 기준
12~15일 (공휴일 제외)
정도 걸리며, 업체마다
제작 기간이 다르기 때문에
제작 전에 반드시 납품일을
확인하세요.

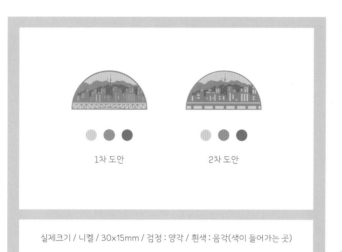

1차 도안

2차 도안

tip

이 배지의 경우 <1차 도안>으로 견적을 요청했을 때 '좀 더 단순한 디자인으로 수정 후 진행해야 한다'는 피드백을 받아 <2차 도안>으로 수정한 후 견적과 시안을 받을 수 있었습니다.

실제크기 / 니켈 / 30x15mm / 검정 : 양각 / 흰색 : 음각(색이 들어가는 곳)

300%
확대

시안을 프린트하여 실제 사이즈를 확인하는 것이 좋습니다. 모니터 화면과 실제 사이즈를 비교했을 때의 느낌이 다릅니다.

CATEGORY	

PRODUCT	자수 와펜

DETAIL	Ai

제작업체

디디엠패치 ddmpatch.co.kr

슬로우앤스테디
www.slowandsteady.co.kr

애플자수 applejasu.com

패치킹 www.patchking.co.kr

한결기획 한결기획.com

실습 사양 예시

프로그램: Adobe Illustrator

재단 사이즈: 원형 50x50mm

인쇄: 자수 인쇄

1. 자수 와펜 뒷면 옵션

·기본형: 손 바느질 혹은 미싱으로 부착합니다.

·열 접착: 다리미로 꾹 눌러 열로 접착합니다.

·브로치: 브로치 형태로 천에 핀을 부착합니다.

·팔찌: 고리에 팔찌 끝 부분을 통과시켜 착용합니다.

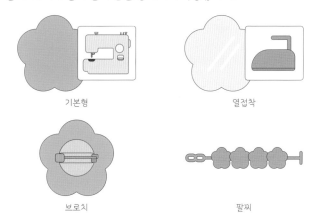

기본형   열접착

브로치   팔찌

2. 자수 와펜 제작하기

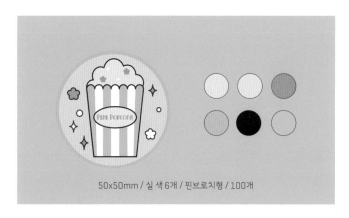

50x50mm / 실 색 6개 / 핀브로치형 / 100개

①

원하는 사이즈로 도안을 제작한 후
이미지 파일(JPG, PNG, ai)로
업체에 견적을 문의합니다.
전화, 견적 게시판, 메신저를 통해
[시안, 사이즈, 수량, 컬러 개수, 뒷면]
옵션을 전달합니다.

②

업체 중 샘플비를 지급하고 샘플을
받아볼 수 있는 곳이 있습니다.
견적을 받은 뒤 업체를 골라 샘플비를
지급하고 1차 샘플을 받습니다.
도안과 실제 제품이 다를 수 있어
샘플을 확인하는 것이 좋습니다.

1차 샘플: 하나의 시안으로 두 가지 버전의 샘플을 요청했습니다.

③

샘플을 확인 후 수정 요청하여
2차 샘플을 확인합니다.

1차 샘플 수정 요청 반영
팝콘 상자 안에 있는
글씨를 꽃으로 변경,
검은 테두리 있는 것으로
제작, 실 간격은 좀 더
촘촘하게.

④

2차 샘플을 토대로
수정 사항을 제작 업체에 보내고
제작 진행을 요청합니다. 정확한
색을 원할 경우 팬톤 컬러코드를
작성해 보냅니다.

PANTONE 263C

PANTONE 2718C

50x50mm

2차 샘플 수정 요청
검은색 테두리는
파란색으로 변경,
배경색은 좀 더 옅은 색으로
변경, 팝콘 통 옆 반짝이
테두리 삭제

최종 컨펌 후에 제작된
와펜입니다.

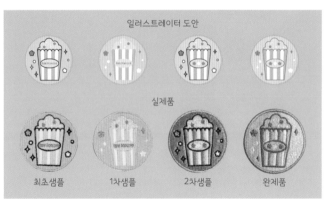

일러스트레이터 도안

실제품

최초샘플   1차샘플   2차샘플   완제품

도안에 따른 실물 샘플

PRODUCT

아크릴 키링

DETAIL

Ai

제작업체

레드프린팅 www.redprinting.co.kr
로이프린팅 www.roiprinting.co.kr
스냅스 www.snaps.com
올댓프린팅 allthatprinting.co.kr

실습 사양 예시

프로그램: Adobe Illustrator

사이즈: 30x30mm

인쇄: 금속 인쇄

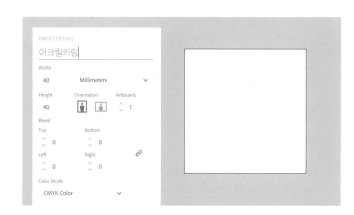

1

원하는 키링 사이즈로
새 아트보드를 만듭니다.
[File ▸ New]

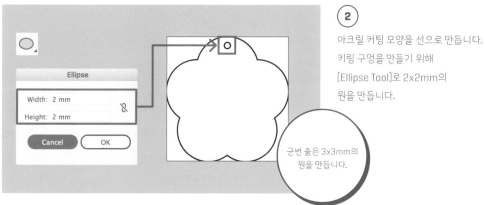

2

아크릴 커팅 모양을 선으로 만듭니다.
키링 구멍을 만들기 위해
[Ellipse Tool]로 2x2mm의
원을 만듭니다.

군번 줄은 3x3mm의
원을 만듭니다.

3

레이어 이름을 [컷팅 레이어]로
바꾸고 움직이지 않게 잠금합니다.
새 레이어를 만듭니다. 디지털화
된 손글씨를 불러와 새 레이어에
붙여넣기한 후 디자인을 완성합니다.

손글씨 디지털화
p.194 참고

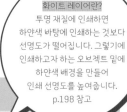

화이트 레이어란?
투명 재질에 인쇄하면
하얀색 바탕에 인쇄하는 것보다
선명도가 떨어집니다. 그렇기에
인쇄하고자 하는 오브젝트 밑에
하얀색 배경을 만들어
인쇄 선명도를 높여줍니다.
p.198 참고

④

Layer2 이름을 [화이트 레이어]로
바꾸고 복사합니다. 컷팅 레이어는
눈을 꺼서 보이지 않게 설정합니다.

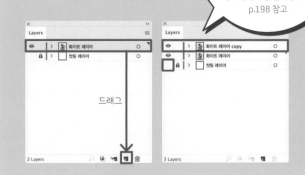

⑤

복사한 레이어에서 원하는 색으로
바꿔줍니다. 본 예시는 투명
아크릴에 흰색으로 인쇄하는 방법을
소개하기 위해 컬러+흰색 조합으로
설정했습니다. 흰색으로 인쇄할
부분은 지워주고 컬러 인쇄만 남긴
채 레이어의 이름을 [컬러 레이어]로
변경합니다.

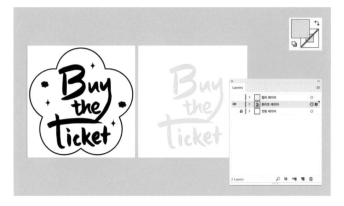

tip

색이 있는 컬러 아크릴에 인쇄할 경우
배경색을 넣어 확인합니다.

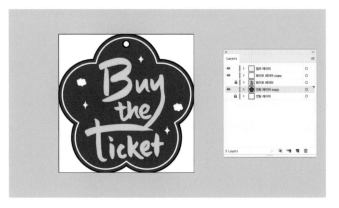

예시는 화이트
레이어를 C:100%로
설정했습니다.

6

디자인이 완료되었으면
[화이트 레이어] 색을 제작 업체의
권장색으로 바꿔줍니다.

7

모든 잠금을 풀고 [컷팅 레이어],
[화이트 레이어], [컬러 레이어]
파일을 하나씩 확인합니다.

8

디자인이 완성되면
[File ▸ Save ▸
Adobe Illustrator(ai)]로
저장합니다.

File	Edit	Object	Type	Selec
New...				⌘N
New from Template...				⇧⌘N
Open...				⌘O
Open Recent Files				▶
Browse in Bridge...				⌥⌘O
Close				⌘W
Save				⌘S
Save As...				⇧⌘S
Save a Copy...				⌥⌘S
Save as Template...				
Save Selected Slices...				
Revert				⌥⌘Z

Format: Adobe Illustrator (ai)

9

제작 업체의 아크릴 키링
주문 화면에서 사이즈와
수량을 선택합니다.

사이즈(mm)   30×30(mm) 미만

수량   10-100개 미만   10 개

글리터 아크릴 색상   보라

고리 종류   실버 D형

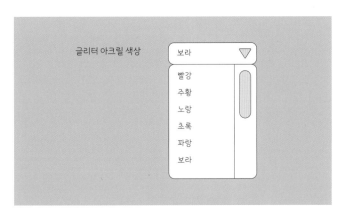

10

아크릴의 종류는 투명과 컬러가
들어간 글리터 아크릴이 있습니다.
원하는 색상을 선택합니다.

11

연결 고리의 종류를 선택합니다.

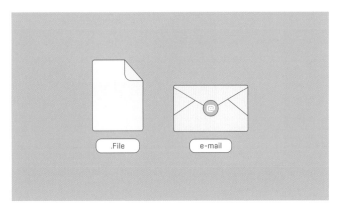

12

제작한 파일을 업체 메일로 전송하여
주문을 완료합니다.

PRODUCT

스트랩 키링

DETAIL

Ai

제작업체

레드프린팅 www.redprinting.co.kr
힐링메이커스 www.healing-makers.com
한결기획 한결기획.com

실습 사양 예시

프로그램: Adobe Illustrator
인쇄 사이즈: 56x15mm
인쇄: PVC 인쇄

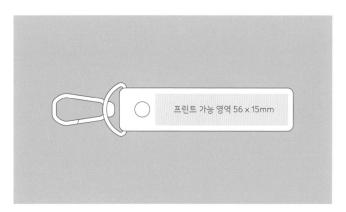

① 제작 업체 가이드에서
프린트 면적을 확인합니다.

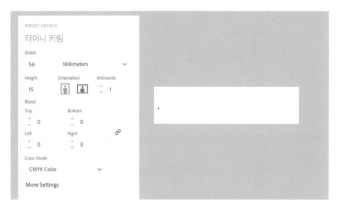

② 인쇄 가이드 영역의 사이즈를
확인하여 새 아트보드를 만듭니다.
[File ▸ New]

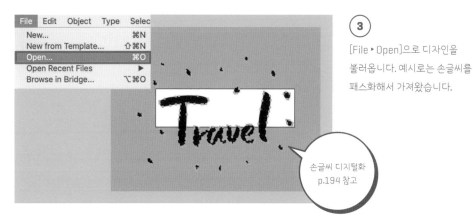

③ [File ▸ Open]으로 디자인을
불러옵니다. 예시로는 손글씨를
패스화해서 가져왔습니다.

손글씨 디지털화
p.194 참고

④

키링 사이즈에 맞게 크기를 조절하여
디자인을 합니다. 가져온 이미지가
그룹으로 묶여 있다면 오른쪽 마우스
클릭 후 [Ungroup]을 눌러
풀어줍니다.

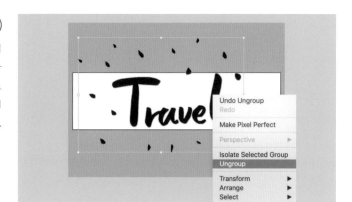

⑤

디자인이 모두 끝났으면
[File ▸ Save ▸
Adobe Illustrator(ai)]로
저장합니다.

제작 업체의 주문 화면에서
원하는 키링 종류를 고른 후
옵션을 설정합니다.

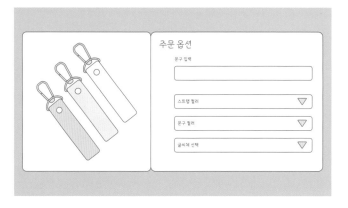

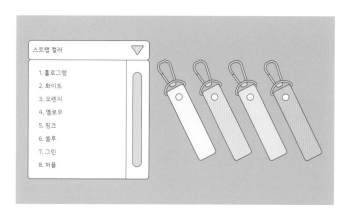

7 스트랩 컬러를 선택합니다.

스트랩 컬러

1. 홀로그램
2. 화이트
3. 오렌지
4. 옐로우
5. 핑크
6. 블루
7. 그린
8. 퍼플

8 직접 제작한 도안은
주문 옵션에서 [개별 도안]을
선택하여 주문합니다.

글씨체 선택

5. 한글 폰트
6. 한글 폰트
7. 한글 폰트
A. 영문 폰트
B. 영문 폰트
C. 영문 폰트
D. 영문 폰트
개별 도안

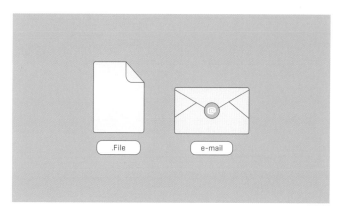

9 안내되어 있는 업체 메일이나
홈페이지 게시판을 통해
제작한 파일을 업로드하여
주문을 완료합니다.

.File

e-mail

6장

리빙 굿즈

PRODUCT

휴대폰 케이스

DETAIL

제작업체

마인케이스 www.minecase.com

몬스퍼 www.monsfer.co.kr

투바이몰 www.tobuymall.com

투에이미 www.toamy.com

실습 사양 예시

프로그램: Adobe Photoshop

제작 업체 템플릿 이용

인쇄: 전체 인쇄

실습 사양 예시

프로그램: Adobe Illustrator

제작 업체 템플릿 이용

인쇄: 앞면 인쇄

1. 곡면과 평면 케이스 제작 방법의 차이

▭	인쇄 영역
⌐ ⌐	이미지 채움 가이드

곡면 인쇄 케이스 템플릿   투명 & 평면 인쇄 케이스 템플릿

· 곡면 케이스: 케이스의 옆면과 섬세한 모서리까지 인쇄가 가능해 여
  분의 인쇄 영역이 필요합니다.
· 평면 케이스: 앞면만 인쇄되기 때문에 템플릿 영역 밖으로 벗어나지
  않도록 작업합니다.

2. 배경색 있는 곡면 하드 케이스

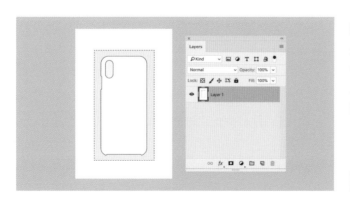

①

제작 업체에서 휴대폰 기종에
맞는 템플릿을 다운받아
포토샵에서 파일을 엽니다.
[File ▸ Open]

Ps

② PNG 파일로 저장된 그림 파일을
불러옵니다. [File ▸ Open]
그림을 전체 선택하여 복사합니다.

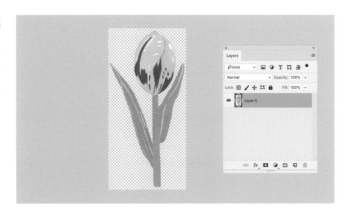

③ 템플릿 파일에 붙여넣기를
합니다. 반드시 템플릿 레이어와
그림 레이어가 분리되어 있는지
확인합니다.

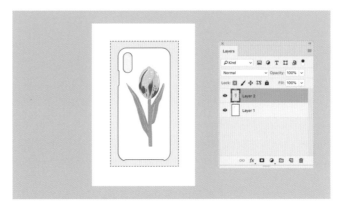

④ 오브젝트의 크기를 조정하기 위해
[Edit ▸ Transform ▸ Scale]*을
눌러줍니다. 모서리 부분을 마우스로
잡고 드래그로 크기를 조절한 뒤,
원하는 위치에 오브젝트를 놓고
[Enter]를 누릅니다.

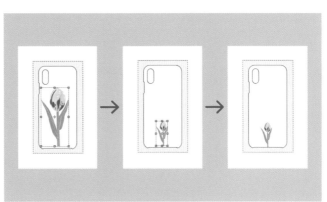

* 편집 ▸ 변형 ▸ 비율

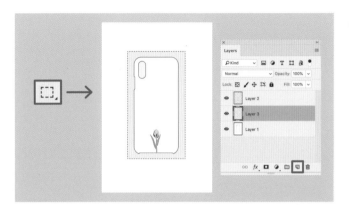

5

배경색을 넣기 위해 [New Layer]
아이콘을 클릭해 오브젝트 레이어
아래에 새 레이어를 만들고
[Rectangular Marquee Tool]로
템플릿의 회색 부분만큼 선택합니다.

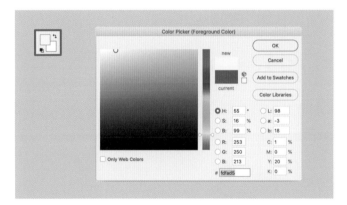

6

[Foreground color]를
원하는 색으로 선택합니다.

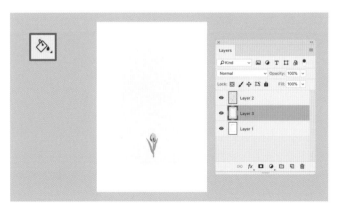

7

[Paint Bucket Tool]로
배경색을 칠합니다.

⑧

디자인이 완성되면 배경과
오브젝트 레이어를 하나로
병합합니다. 병합하려는 레이어를
[ctrl]을 누른 채 함께 선택한 뒤
오른쪽 마우스를 클릭하여
[Merge Layers]*를 눌러줍니다.
(템플릿 레이어와 그림 레이어는
따로 있어야 합니다.)
* 레이어 병합

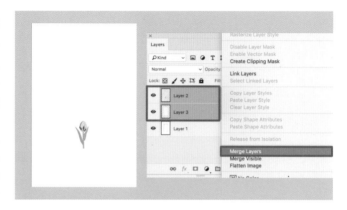

⑨

[File ▸ Save As]를 누른 뒤,
[Photoshop.psd]로 저장합니다.

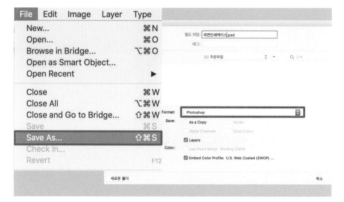

3. 배경색 없는 투명 평면 케이스

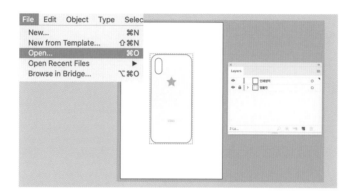

①
제작 업체에서 휴대폰 기종에
맞는 템플릿을 다운받아
일러스트레이터에서 파일을 엽니다.
[File ▸ Open]

②
PNG 파일로 저장된 그림 파일을
불러옵니다. [File ▸ Open]
그림을 복사합니다.

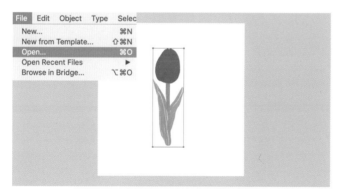

③
템플릿에 붙여넣은 후 그림의
모서리를 잡고 크기와 위치를
조정합니다.

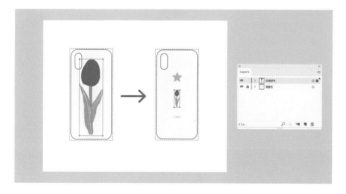

4

투명 케이스의 경우 또렷한 인쇄를
위해 화이트 레이어를 만들어야
합니다. 그림을 선택하여 [Alt] 키를
누른 채 드래그하여 복사합니다.

> **화이트 레이어란?**
> 투명 재질에 인쇄하면
> 하얀색 바탕에 인쇄하는 것보다
> 선명도가 떨어집니다. 그렇기에
> 인쇄하고자 하는 오브젝트 밑에
> 하얀색 배경을 만들어
> 인쇄 선명도를 높여줍니다.
> p.198 참고

드래그 복사

5

[Selection tool]로
복사한 그림을 선택하면 옵션 바에
[Image Trace]*가 나타납니다.

Image | Embedded | Transparent RGB | PPI: 453 | Unembed | Edit Original | Image Trace ▾ | Mask

> **[Image Trace]**
> 비트맵 이미지를
> 백터 이미지로 변경하는
> 작업입니다.

* 이미지 추적

6

[Black and White Logo]*를
클릭하면 복사한 그림은 검은색으로,
바탕은 흰색으로 바뀝니다.

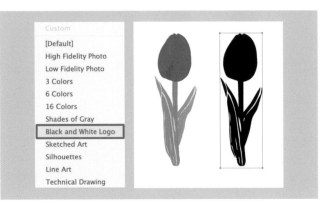

Custom

[Default]
High Fidelity Photo
Low Fidelity Photo
3 Colors
6 Colors
16 Colors
Shades of Gray
Black and White Logo
Sketched Art
Silhouettes
Line Art
Technical Drawing

* 사전 설정 ▸ 흑백 로고

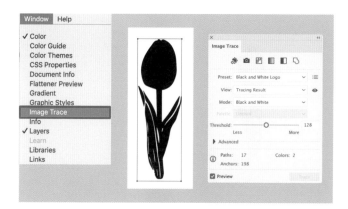

7

[Window ▸ Image Trace]*를 눌러
패널을 엽니다.

* 윈도우 ▸ 이미지 추적

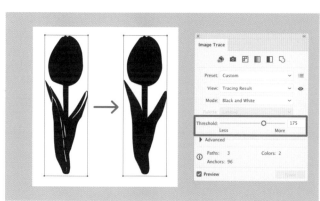

8

[Treshold]* 값을 높이면서
그림 내의 흰색 이미지가
모두 검은색으로 바뀌도록
조정합니다.

* 고대비 값 조정

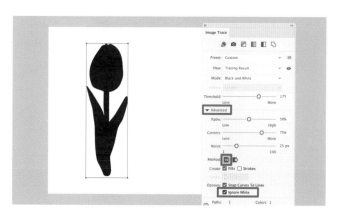

9

[Advanced]를 열어 Option 부분의
[Ignore White]*를 체크합니다.
[Ignore White]가 활성화되지
않는다면 Method의 첫 번째
아이콘을 클릭하세요.

* 공백 무시

[Ignore White]란
흰색 부분을 없애는 기능입니다.
[Black and white Logo]를 통해
벡터화된 이미지는 배경(White)과
그림(Black)으로 나눠져 있습니다.
검은 패스만 필요하기 때문에 흰색
배경을 지워주는 작업이 필요합니다.
이에 가장 간편한 방법이
[Ignore White]기능입니다.

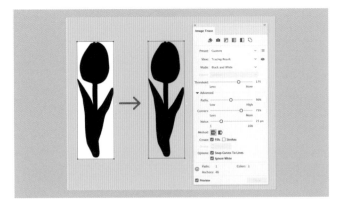

10

[Object ▶ Expand]*를 통해
그림을 패스로 만듭니다.

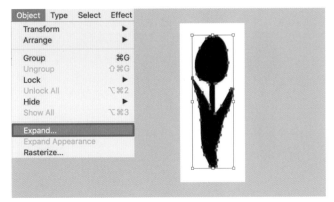

* 오브젝트 ▶ 확장

11

화이트 레이어 작업을 한
레이어가 그룹화되어 있다면
오른쪽 마우스를 클릭하여
[Ungroup]을 합니다.

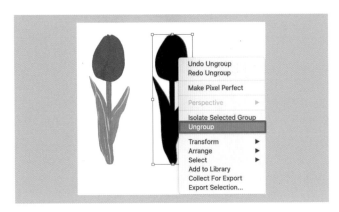

12

[Window ▶ Color]로 컬러 패널을
열어 화이트 레이어가 K:100%인지
확인합니다.

업체마다
화이트 레이어
지정 컬러가 다르니
제작 전
확인하세요.

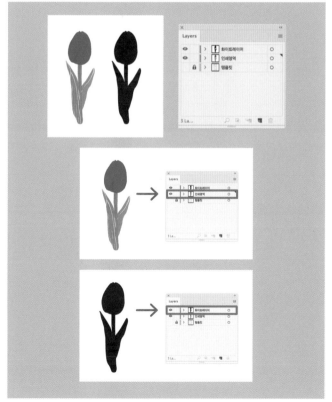

13

인쇄 영역에 인쇄 그림과
화이트 영역이 한 레이어에 들어
있습니다. 레이어를 복사한 뒤
레이어 이름을 '화이트 레이어'로
바꿔줍니다. 인쇄영역 레이어는
컬러 오브젝트만 남기고
화이트 레이어는 검은색으로 바꾼
오브젝트만 남기고 지워주세요.

(14)

인쇄영역 레이어와
화이트 레이어를 둘 다 잡고
[Align ▸ Align Objects]*로
가운데 정렬합니다.
컬러 꽃이 제일 위로 가게
레이어 순서를 정리합니다.

* 윈도우 ▸ 정렬 ▸ 오브젝트 정렬

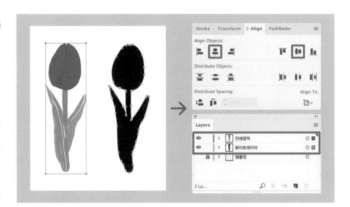

(15)

미세하게 틀어진 부분이 있다면
화면을 확대해 섬세하게 움직여서
완벽히 합쳐질 수 있도록 합니다.

(16)

템플릿에 전체 디자인을
완성합니다. 디자인이 끝났으면
화이트 레이어와 인쇄 영역
레이어가 분리되었는지
확인합니다.

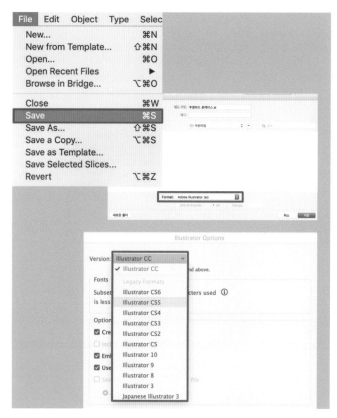

17

[File ▸ Save ▸ Adobe Illustrator(ai)]로 저장합니다. [Illustrator Option]에서 [Version]을 업체의 주의 사항에 맞게 선택하세요.

18

작업한 케이스의 종류를 고르고, 주문 화면에서 사이즈와 수량 등 옵션을 선택합니다. 주문, 결제 후 파일을 업체 메일로 전송하여 주문을 완료합니다.

PRODUCT

에코백

DETAIL

Ai

제작업체
감성드림 www.gsdream.co.kr
마플 www.marpple.com
유어팩토리 yourfactory.co.kr
지오스 giosbag.com

실습 사양 예시
프로그램: Adobe Illustrator
제작 업체 템플릿 이용
인쇄: 단면인쇄

1. 에코백의 종류

· 스탠다드 에코백: 흔히 볼 수 있는 세로가 긴 직사각형의 가방입니다.

· 토트백: 손으로 들고 다닐 수 있는 가로로 긴 가방입니다.

· 크로스백 : 길이 조절이 가능한 긴 끈이 포함된 가방입니다.

· 봉투백: 비닐 봉투 모양으로 만든 천가방입니다.

스탠다드 에코백

2. 원단 이야기

· 캔버스: 에코백에서 가장 많이 사용하는 천으로 두껍고 튼튼하여 가방 모양이 흐트러지지 않게 잡아줍니다.

· 린넨: 얇고 가벼워 자연스러운 느낌을 연출합니다.

· 10수와 20수 차이: 숫자가 적을수록 천이 두껍습니다. 10수가 20수보다 더 두껍고 힘이 있습니다. 10~20수 캔버스 천은 에코백에서 많이 사용하며, 20~30수 천은 가벼운 파우치에 많이 사용합니다.

토트백

3. 프린팅 방법

· 전사: 이미지를 전사지에 인쇄하여 고온의 다림질로 천에 부착하는 방식입니다.

· 디지털 프린팅: 이미지를 천에 직접 인쇄하는 방식으로 소량 인쇄가 가능합니다.

· 실크 스크린: 실크 스크린 판에 잉크를 묻혀 천에 찍어내는 방식입니다. 소량부터 대량까지 인쇄가 가능하지만 색상과 수량에 제한이 있습니다.

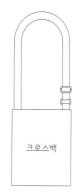

크로스백

봉투백

4. 에코백 제작하기

1

에코백에 넣고 싶은 사진 혹은
그림을 PNG 파일로 준비합니다.
오브젝트의 배경은 삭제해주세요.

배경 없는
PNG 파일 만들기
p.203 참고

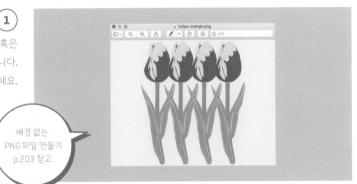

2

제작 업체 사이트에 접속해
원하는 종류의 에코백을
선택합니다.

3

[이미지 넣기]를 클릭하여
에코백에 넣을 사진 혹은
그림 파일을 업로드합니다.

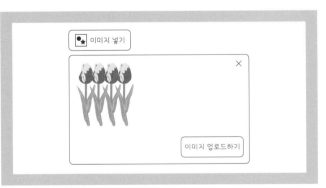

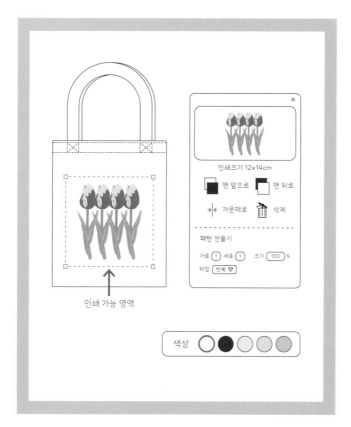

인쇄크기 12x14cm

맨 앞으로   맨 뒤로

가운데로   삭제

패턴 만들기

가로 ① 세로 ①   크기 ⟨100⟩ %

타입 ⟨반복 ▽⟩

인쇄 가능 영역

색상 ◯ ● ◯ ◯ ◯

인쇄 가능 영역에서 그림의 크기와
위치를 조절합니다. '텍스트' '자수'
등 추가 옵션과 에코백의 색상을
선택합니다. 뒷면도 디자인이
가능합니다.

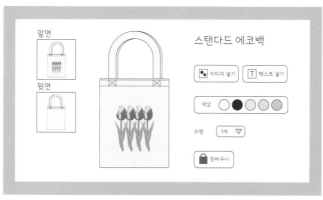

앞면

뒷면

스탠다드 에코백

🖼 이미지 넣기   Ⓣ 텍스트 넣기

색상 ◯ ● ◯ ◯ ◯

수량 ⟨1개 ▽⟩

🛍 장바구니

주문 내역을 확인하고 수량을
선택한 뒤 주문을 완료합니다.

CATEGORY

LIVING GOODS - 03

PRODUCT

안경 닦이

DETAIL

Ai

제작업체

레드프린팅 www.redprinting.co.kr

로이프린팅 www.roiprinting.co.kr

후니프린팅 www.huniprinting.com

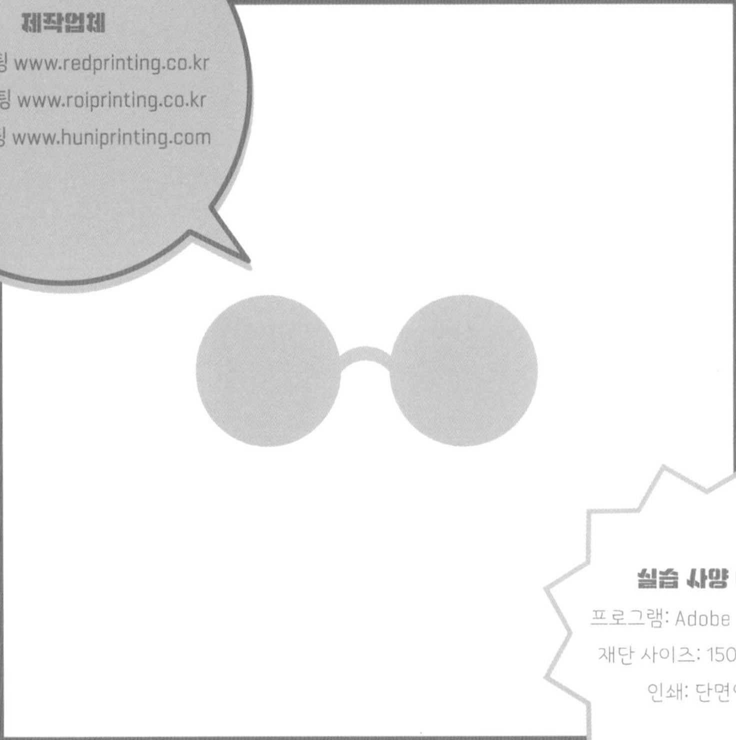

실습 사양 예시

프로그램: Adobe Illustrator

재단 사이즈: 150X146mm

인쇄: 단면인쇄

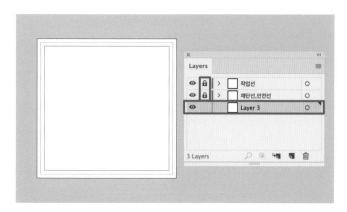

①
새 아트보드를 열고 재단선,
작업선과 안전선 가이드를 만듭니다.
업체 템플릿을 사용해도 됩니다.
가이드 레이어를 움직이지 않게
잠그고, 새 레이어를 맨 아래에
만듭니다.
[File ▸ New]

②
새 레이어에 그림을 불러와
안전선 안에 그림을 배치합니다.
[File ▸ Open]

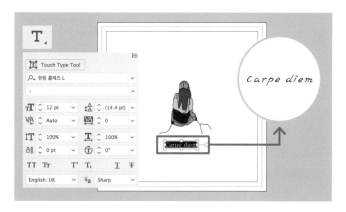

③
[Type Tool]을 이용해 글자를
넣어줍니다. 글씨체 변경을 위해
[Character] 창을 열어 원하는
글씨체로 바꿔줍니다. 자간과
기울기를 조정하여 원하는 느낌으로
글씨를 만듭니다.

④

글씨가 완성되면 오른쪽 마우스를
클릭하여 [Create Outlines]*를
합니다.

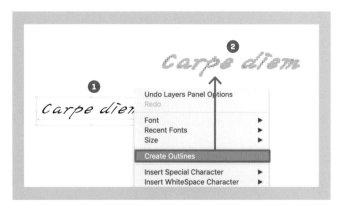

* 윤곽선 만들기

⑤

배경색을 넣을 경우
[작업선] 크기의 사각형을 만들어
배경색을 지정합니다.

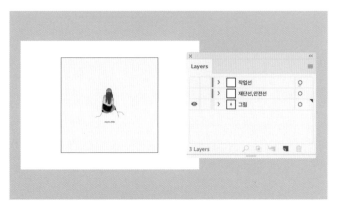

⑥

디자인이 완성되었으면
JPG 파일로 저장합니다.
[File ▸ Export ▸ Export As ▸
Format: JPEG]로 선택합니다.
업체별로 파일 저장 방법이 다르니
미리 확인합니다.

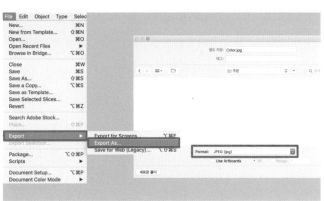

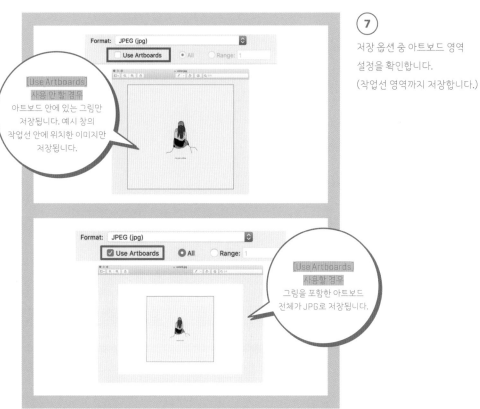

7

저장 옵션 중 아트보드 영역
설정을 확인합니다.
(작업선 영역까지 저장합니다.)

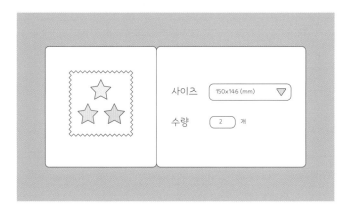

8

제작 업체의 안경 닦이(극세사
클리너) 주문 화면에서 옵션을
선택하고 파일을 업로드하여
주문, 결제를 완료합니다.

사이즈 150x146 (mm)

수량 2 개

PRODUCT

케이크 토퍼

DETAIL

Ai

실습 사양 예시

프로그램:

Adobe Illustrator

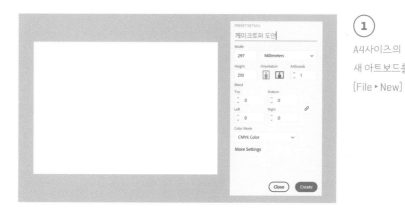

A4사이즈의
새 아트보드를 만듭니다.
[File ▸ New]

②

[Type Tool]로 제작할 문구를
작성합니다. 글씨는 최대한
굵은 글씨로 [Character ▸ Bold]를
선택합니다. 만약 글씨에 Bold 옵션이
없다면 굵은 글씨로 만들기 위해
선을 면과 같은 색으로 선택한 뒤,
[Stroke ▸ Weight]를 높여 원하는
만큼 두껍게 만듭니다.

3

글씨를 선택한 다음
오른쪽 마우스를 클릭하여
[Create Outlines]*를 합니다.

* 윤곽선 만들기

4

글씨 전체에 설정된 그룹을 풀기 위해
글씨 위에 마우스 오른쪽 버튼 클릭 후
[Ungroup]하여 한 글자씩 선택할 수
있도록 합니다.

5

케이크 토퍼는 모든 글자가
'연결'되어 있어야 글씨를 커팅
했을 때 낱개로 떨어지지 않으므로
글자를 조금씩 겹치게 놓아줍니다.

BIRTHDAY를 아치형의 가랜드
모양으로 만들기 위해 [Pen Tool]로
앵커를 찍고, 반대편에도 앵커를 찍은
다음 놓지 않은 채로 쭉 드래그하면
둥근 모양의 선이 만들어집니다.
곡선은 전체 글자와 어울리게 굵기를
조정합니다.

BIRTHDAY 글자를 하나씩
가랜드 선에 가져간 뒤 글자를
회전시켜 곡선에 붙여줍니다.

8

별 모양을 추가하기 위해
[Rectangle Tool]을 꾹 누르면
나오는 별 도형[Star Tool]을
눌러줍니다.

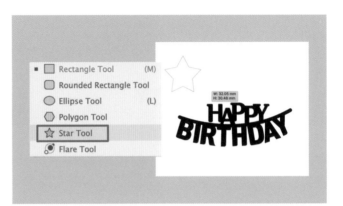

9

별 도형도 선 굵기를 두껍게
설정한 뒤 [Cap, Corner]를
둥글게 만들어줍니다.

직접 칼로 오려
사용하는 수작업 케이크
토퍼 작업 시 곡선보다
직선으로 된 도형을
선택하는 것이 제작하기
편리합니다.

10

고깔모자를 만들어봅니다.
[Pen Tool]로 삼각형을 하나
만듭니다. 사선으로 빗금 무늬를
만든 뒤, 별 도형을 붙입니다.

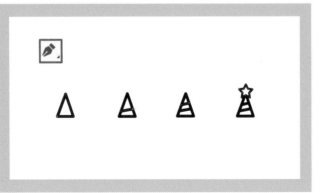

11

고깔모자를 그룹으로 묶은 뒤,
가랜드에 어울리게 배치합니다.

12

완성된 도안에서 글자와 도형이
모두 연결되었는지 확인하고
전체를 그룹화합니다.

13

A4크기의 아트보드에
원하는 사이즈로 조정하여
ai 파일로 저장합니다.

LIVING GOODS - 05

PRODUCT

손거울

DETAIL

Ai

제작업체

로이프린팅 www.roiprinting.co.kr
루아샵 ruashop.co.kr
레드프린팅 www.redprinting.co.kr
후니프린팅 www.huniprinting.com

실습 사양 예시

프로그램: Adobe Illustrator
재단 사이즈: 원형 75x75mm
인쇄: 단면인쇄

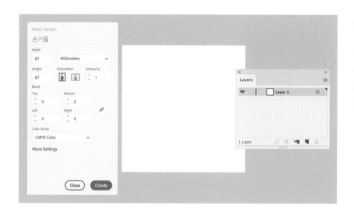

① 손거울 사이즈 75mm에 여백을
추가해 87x87mm 사이즈의
새 아트보드를 만듭니다.
[File ▸ New]

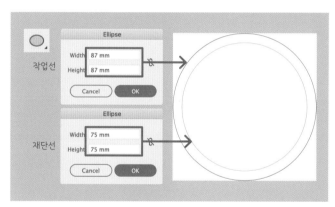

② [Ellipse Tool]을 이용해
작업선 87x87mm,
재단선 75x75mm 가이드를
만듭니다.

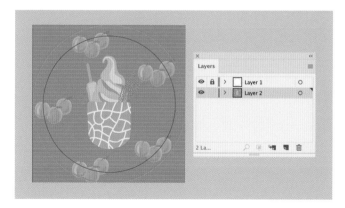

③ 가이드 레이어는 움직이지 않게
잠근 뒤, 아래에 새 레이어를 만들고
디자인합니다.

④

디자인을 완성하면
가이드 레이어의 눈을 꺼준 뒤,
디자인 레이어만 남깁니다.

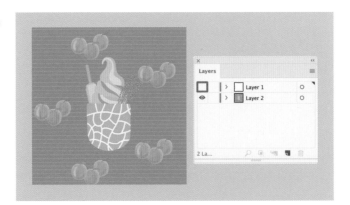

⑤

[File ▸ Save ▸ Format: Adobe
Illustrator(ai)]로 저장합니다.

⑥

제작 업체의 손거울 주문 화면에서
사이즈와 수량을 선택합니다.

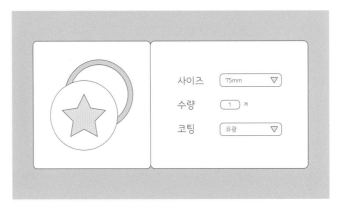

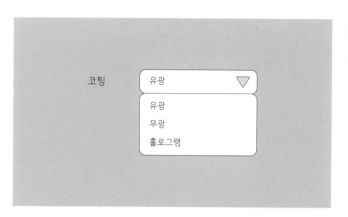

⑦

코팅 종류를 선택합니다.

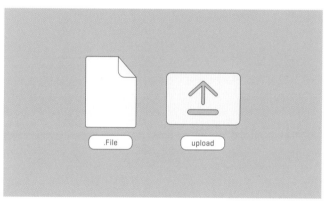

⑧

옵션 선택 후 파일을 업로드하여
주문, 결제를 완료합니다.

7장

굿즈 완성도 높이기

알아두면 좋은 테크닉

1. 손그림을 펜툴로 선 따기

도안 제작 시 실제 사이즈보다 크게 그릴 경우 작게 줄였을 때 표현이 안 되는 부분이 있을 수 있습니다. 그렇기에 스케치부터 실제 사이즈로 그리는 것이 좋습니다.

① 일러스트레이터를 열어 A4 사이즈의 새 아트보드를 만듭니다.

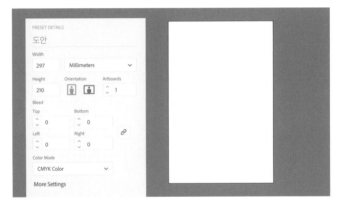

② [Ellipse Tool]을 이용하여 원형 20x20mm(또는 원하는 크기의 도형)의 안내선을 만듭니다.

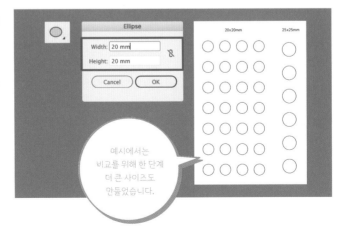

예시에서는 비교를 위해 한 단계 더 큰 사이즈도 만들었습니다.

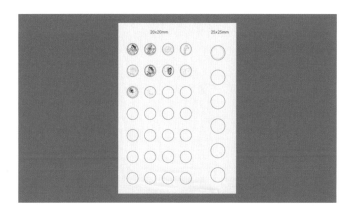

③

안내선을 프린터하여 손으로
스케치를 한 다음 스캔합니다.

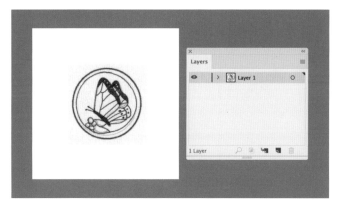

④

마음에 드는 도안을 잘라낸 후
새 아트보드를 만듭니다. 20x20mm
그림을 붙여 넣기 위해 여유롭게
50x50mm 사이즈의 아트보드를
만든 다음 스케치한 도안을
가져옵니다.

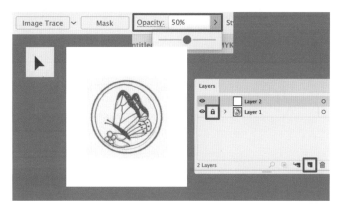

⑤

[Selection Tool]로 스케치를
선택하면 옵션 바에 Opacity를
조절할 수 있는 부분이 보입니다.
스케치 투명도를 50% 정도로 낮춘 뒤
움직이지 않게 레이어를 잠그고
새 레이어를 만듭니다.

6

[Pen Tool]을 선택한 뒤
선은 검은색으로 설정하고
두께는 1pt로 지정합니다.

7

가장 평평한 부분부터 시작해
선을 그립니다.

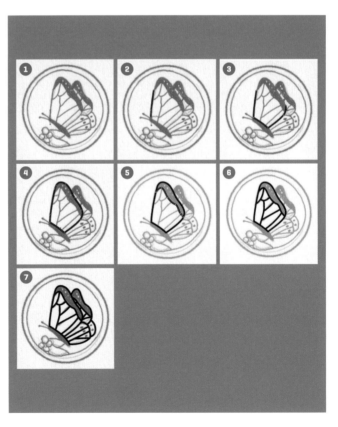

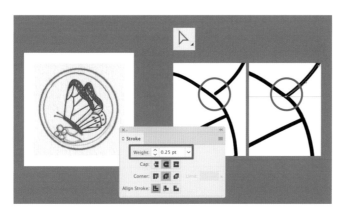

⑧

원하는 굵기의 선으로 바꿔줍니다.
예시에서는 오브젝트를 전체 선택
후 0.25pt로 바꿔준 뒤, 1pt였을 때
보이지 않았던 이어지지 않는 부분을
[Direct Selection Tool]로 잡아
수정합니다.

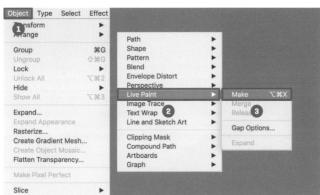

⑨

양각으로 표현할 검은색 면을 칠하기
위해 오브젝트를 전체 선택한 뒤
[Object ▸ Live Paint ▸ Make]*를
선택합니다.

* 오브젝트 ▸ 라이브 페인트 ▸ 만들기

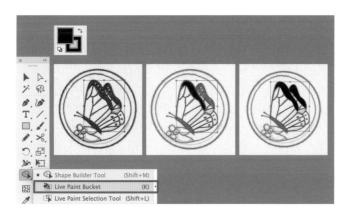

⑩

오브젝트 바운딩 박스에 별 표시가
되었다면 Live Paint가 활성화된
것입니다. [Tool bar]에서
[Live Paint bucket]을 선택한 뒤
면 색을 검은색으로 선택 후 양각으로
표현할 부분을 클릭하면 검은색으로
바뀝니다.

⑪

레이어에 [Live Paint]가 생겼습니다.
색을 다 채운 후 [Object ▸ Live Paint ▸
Expand]*를 하면 Live Paint가
해제되어 패스로 바뀝니다.

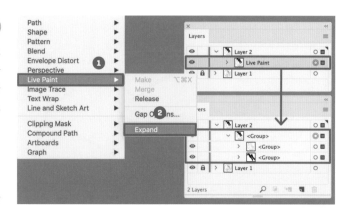

* 오브젝트 ▸ 라이브 페인트 ▸ 확장

⑫

더듬이는 [Pen tool]을 이용해
선으로 표현합니다.

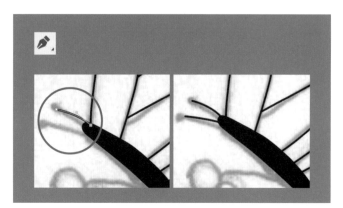

⑬

나비의 날개 문양은
[Paintbrush Tool]을 이용하여
그렸습니다. 브러쉬는 선으로
표현되니 [Stroke: weight]를
조절하여 크기를 바꿉니다.

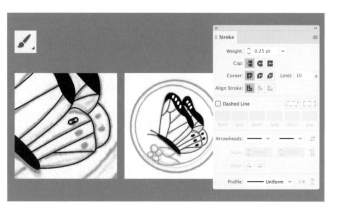

면으로 바꾸는 이유는
오브젝트에서 전체 크기를
조절할 때 선의 굵기가
달라지기 때문에 선을
면으로 바꿔줘야 일정하게
크기가 조정됩니다.

14

나비 날개에 찍은 점 모양의
브러쉬는 [Object ▸ Expand
Appearance]를 통해 면으로
바꿉니다.

* 오브젝트 ▸ 패스 ▸ 윤곽 선

15

손으로 그린 스케치를 모두 선으로
바꿨다면 밑그림 레이어는 지웁니다.

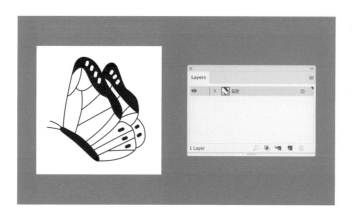

16

[Pen Tool]을 이용해 손그림을
일러스트로 바꾼 나비 도안이
완성되었습니다.

2. 도안에 색 입히고 별색 컬러 지정하기

1

일러스트레이터에서 일반적으로
오브젝트에 색을 칠할 때 모두
연결되어 있는 상태라면 Fill Color를
변경하여 색을 채울 수 있습니다.

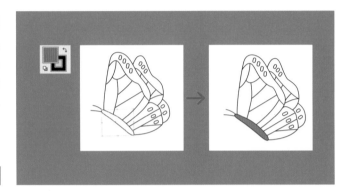

2

하지만 패스를 복잡하게 사용하여
면으로 닫혀 있지 않아
Fill Color로 색을 변경할 때 오른쪽과
같은 상황을 볼 수 있습니다.

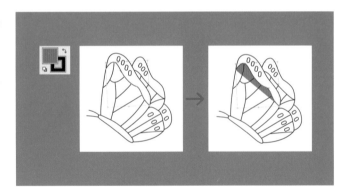

3

[Pen Tool]로 딴 선을
[Selcection Tool]로 전체 선택을 한
후 [Object ▸ Live Paint ▸ Make]"를
클릭해 Live Paint를 활성화합니다.

* 오브젝트 ▸ 라이브 페인트 ▸ 만들기

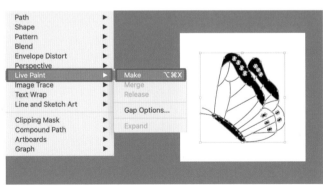

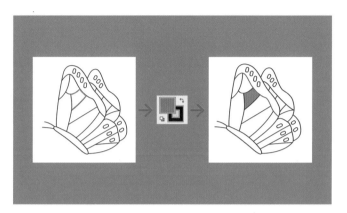

4

Live Paint를 사용하면
펜 선으로만 구분된 영역에
손쉽게 색을 칠할 수 있습니다.

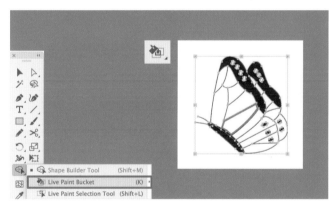

5

툴바에서 [Live Paint Bucket]을
선택한 뒤, Live Paint가 활성화
된 오브젝트의 면 위에 마우스를
올리면 빨간선으로 칠해질 부분이
표시됩니다.

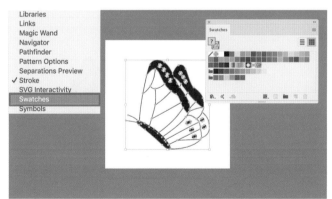

6

Fill Color로 색을 지정해서
사용하거나, 별색을 사용하여
색을 골라도 됩니다. 예시에서는
별색 지정하는 방법을 안내합니다.
[Window ▸ Swatches]*를 엽니다.

* 윈도우 ▸ 견본

⑦

[Swatch Libraries Menu ▸
Color Books]*에서 제작 업체의
별색 사양을 클릭합니다.

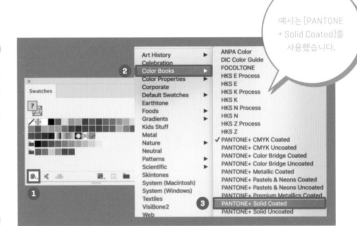

* 색상 책

⑧

[Live Paint Bucket]을 선택한
뒤, 별색을 고르고 원하는 부분을
클릭하여 색을 칠합니다.

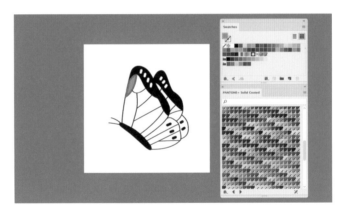

⑨

색을 모두 지정했으면
[Object ▸ Live Paint ▸ Expand]*로
Live Paint를 해제합니다.

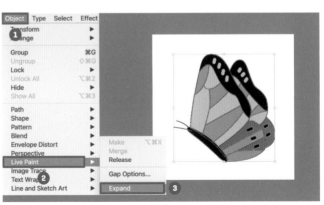

* 오브젝트 ▸ 라이브 페인트 ▸ 확장

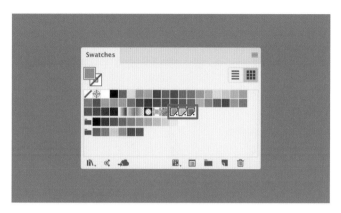

10

[Swatches]창을 보면 사용한
별색 컬러칩이 추가된 걸
볼 수 있습니다.

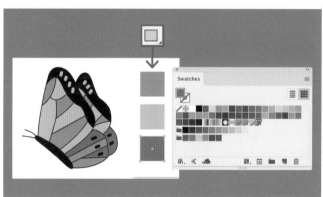

11

작업물에 컬러코드 표기가 필요한
경우가 있습니다. [Rectangle
Tool]로 사용한 색의 수만큼 사각형을
만든 다음 사용한 색으로 바꿔줍니다.

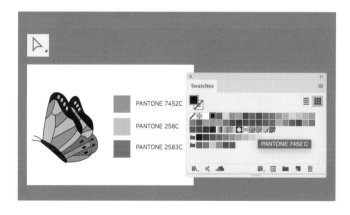

12

[Direct Selection Tool]로
색이 칠해진 영역을 선택하면
[Swatches]에 컬러칩도 함께
선택됩니다. 컬러칩 위에 마우스를
갖다 대면 해당 컬러코드가 뜹니다.
[Type Tool]로 컬러칩 옆에
별색 컬러코드를 작성합니다.

3. 손글씨를 디지털로 변경하기

① 포토샵에서 손글씨를
스캔한 파일을 불러옵니다.

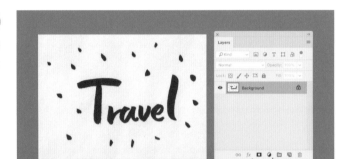

② 레이어의 [Image ▸ Adjustments ▸
Levels]를 클릭합니다.

* 이미지 ▸ 조정 ▸ 레벨

③ 삼각형 키를 조절하여
명도 대비를 확실하게 해줍니다.
(흰색은 더욱 하얗게,
검은색은 더욱 검게)

④

글씨를 확대하여 [Eraser Tool]로
글씨를 다듬어줍니다.

⑤

보정을 완료한 글씨를 전체 선택하여
복사한 후 일러스트레이터의
새 아트보드에 붙여넣기합니다.

포토샵과
일러스트레이터
프로그램은 호환이
가능하며 바로
복사, 붙여넣기가
가능합니다.

Ai

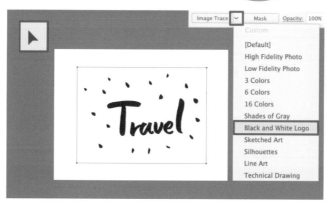

⑥

포토샵에서 불러온 보정한 글씨를
[Selection Tool]로 선택 후
옵션 바에 뜨는 [Image Trace] ▸
[Black and White Logo]를
클릭합니다.

*이미지 추적 ▸ 사전 설정 ▸ 흑백 로고

⑦

[Window ▸ Image Trace] 창을
열어 [Threshold]* 값 조절을 통해
원하는 느낌으로 조정합니다.
수치가 낮을수록 글씨는 거칠어지며
높을수록 부드러워집니다.

[Threshold] 수치가 낮을 때

[Threshold] 수치가 높을 때

* 윈도우 ▸ 이미지 추적 ▸ 고대비 값 조정

⑧

[Advanced]를 열어
[Ignore White]*를 체크합니다.
[Ignore White]는 흰색 배경을
없애 손쉽게 글씨만 얻을 수 있도록
도와줍니다.

* 고급 ▸ 공백 무시

9

[Object ▸ Expand][*]를 클릭하여
글씨를 패스로 만듭니다.

* 오브젝트 ▸ 확장

4. 화이트 레이어 만들기

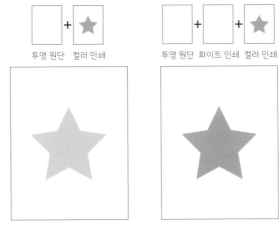

투명 원단 + 컬러 인쇄

투명 원단 + 화이트 인쇄 + 컬러 인쇄

화이트 레이어란?

투명 재질에 컬러를 바로 인쇄하게 되면 반투명으로 흐릿하게 인쇄가
됩니다. 컬러 인쇄와 같은 모양과 크기로 흰색 면을 먼저 인쇄한 뒤, 그
위에 컬러로 인쇄하면 보다 선명하고 진하게 인쇄됩니다. 이 흰색 면
을 '화이트 레이어'라고 합니다. 선명도를 높이기 위해 화이트 레이어
작업을 하기도 하지만, 투명 재질에 흰색으로 인쇄하기 위해 화이트
레이어를 만들기도 합니다. 화이트 레이어의 농도를 조절하여 디자인
을 더 풍부하게 만들 수 있습니다.

벡터

비트맵

벡터 이미지와 비트맵 이미지

패스로 이루어진 벡터 이미지와 픽셀로 이루어진 비트맵 이미지는 화
이트 레이어로 만드는 방법이 다릅니다. 일러스트레이터에서 벡터 이
미지는 [Pathfinder]를 이용하고, 비트맵 이미지는 [Image Trace]를
사용합니다.

벡터 이미지를 화이트 레이어로 만들기 [Pathfinder]

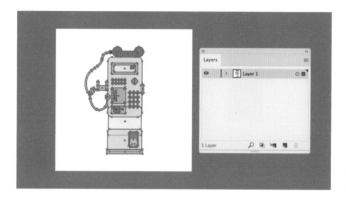

① 일러스트레이터에서
벡터 이미지를 불러옵니다.

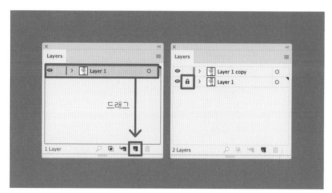

② 그림 레이어[Layer 1]을 새 레이어
아이콘에 드래그하여 복사한 뒤,
원본 그림이 손상되지 않도록
[Layer 1]을 잠궈줍니다.

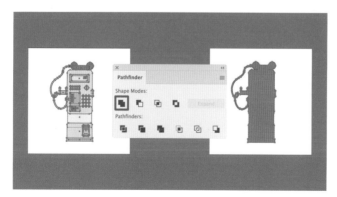

③ [Window ▸ Pathfinder]* 창을
열어 복사한 오브젝트를 선택한
뒤 [Pathfinder ▸ Shape Modes ▸
Unite]를 선택하여 병합합니다.

* 윈도우 ▸ 패스파인더 ▸ 합치기

④ 하나로 합쳐진 오브젝트 색을
K:100%로 바꿔줍니다.
(선은 투명으로 바꿔줍니다.)

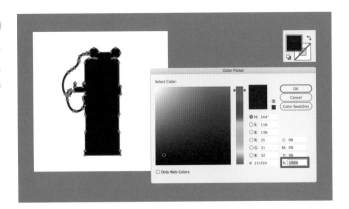

⑤ 화이트 레이어[Layer 1 copy]를
그림 레이어[Layer 1] 아래로
드래그하여 레이어 위치를 옮기고
그림 레이어의 잠금을 풀어줍니다.

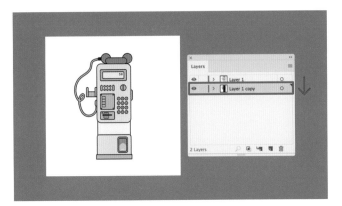

⑥ 레이어의 이름을
컬러, 화이트로 각각 바꿔줍니다.

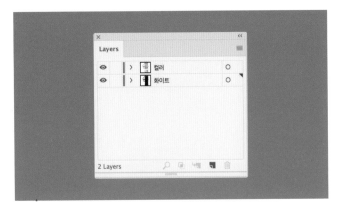

비트맵 이미지를 화이트 레이어로 만들기 [Image Trace]

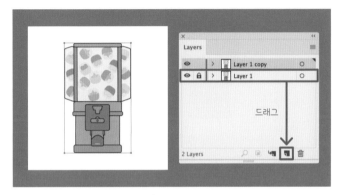

일러스트레이터에서 비트맵 이미지를
불러옵니다. 그림 레이어[Layer 1]을
새 레이어 아이콘에 드래그하여
복사한 뒤, 원본 그림이 손상되지
않도록 [Layer 1]을 잠궈줍니다.

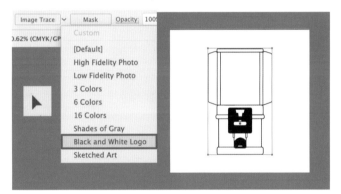

[Selection Tool]로 복사한
오브젝트를 선택한 뒤, [Image
Trace ▸ Black and White Logo]*를
클릭합니다

* 이미지 추적 ▸ 사전 설정 ▸ 흑백 로고

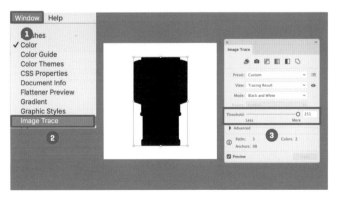

[Window ▸ Image Trace] 창을
열고 [Threshold]* 값을 올려
검은색 면으로 채워줍니다.

* 윈도우 ▸ 이미지 추적 ▸ 고대비

④

[Advanced]를 열어
[Option ▸ Ignore White]*를
체크한 뒤 OK를 누릅니다. [Ignore
White]가 활성화되지 않는다면
Methood의 첫 번째 아이콘을
클릭하세요.

* 고급 ▸ 옵션 ▸ 공백 무시 체크

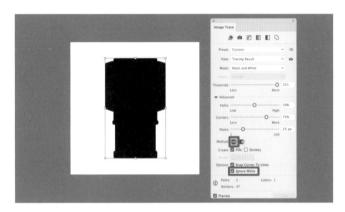

⑤

복사한 오브젝트를 선택한 뒤,
[Expand]*를 클릭하여 패스로
만듭니다.

* 확장

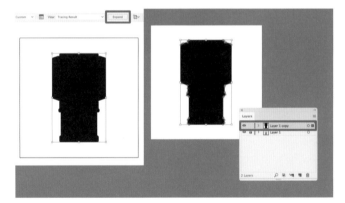

⑥

화이트 레이어[Layer 1 copy]를
그림 레이어[Layer 1] 아래로
드래그하여 레이어 위치를 옮기고
그림 레이어의 잠금을 풀어줍니다.

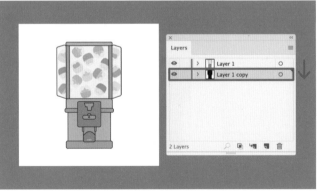

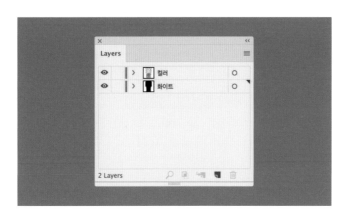

⑦
레이어의 이름을 컬러, 화이트로
바꿔줍니다.

5. 배경과 분리된 이미지 얻는 방법

포토샵을 이용하여 배경 제거하기
일반적으로 '누끼 따기'라고 부르며 배경 제거하기, 이미지 따기, 이미
지 투명화 등으로 말합니다. 배경 없이 깔끔하게 오브젝트만 얻는 방
법입니다.

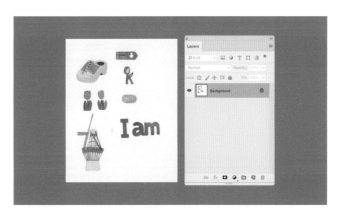

①
수채화로 그림을 그려 완성된 그림을
스캔합니다. 포토샵을 열어 스캔한
이미지 파일을 불러옵니다.

Ps

② 스캔한 파일이 RGB로 되어 있다면
[Image ▸ Mode ▸ CMYK Color]* 로
변경합니다.

* 이미지 ▸ 모드 ▸ CMYK색상

③ [Image ▸ Adjustments ▸
Curves]*를 클릭합니다.

* 이미지 ▸ 조정 ▸ 곡선

④ [Curves]는 명도를 섬세하게 조절할
수 있습니다. 대각선의 그래프를
위로 올리거나 아래로 내려 이미지를
밝게 혹은 어둡게 조정합니다.

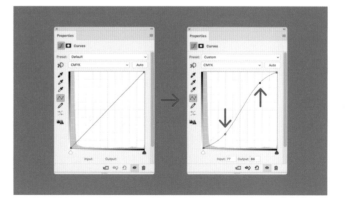

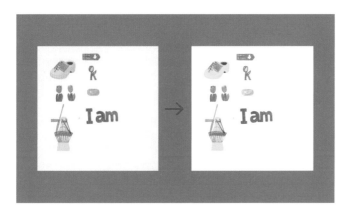

5

그림을 밝고 선명하게
보정했습니다.

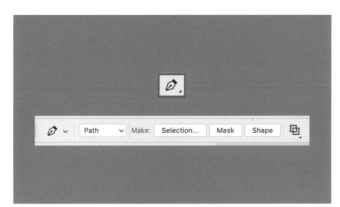

6

[Pen Tool]을 선택한 후 옵션 바에
[Path]를 누릅니다.

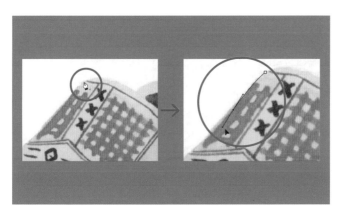

7

처음 시작점을 찍은 뒤에
두 번째 점을 찍고 쭉 드래그하여
곡선을 만듭니다.

두 번째 찍은 점을 한번 더 클릭하면
한 쪽 방향선이 사라져
방향을 바꿀 수 있습니다.

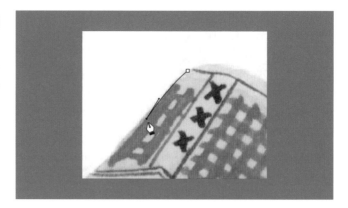

그림의 테두리를 한바퀴 돌아서
선을 만들어줍니다.

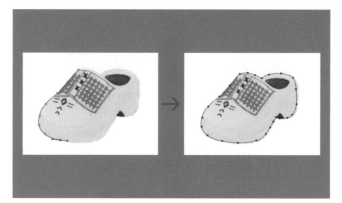

[Window ▸ paths]를 열어
[Load path as a selection]
아이콘을 클릭하면 펜으로 딴
선이 선택됩니다.

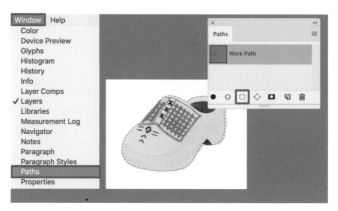

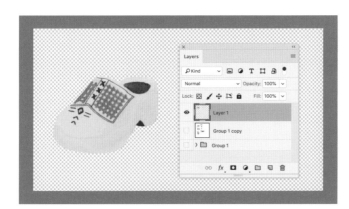

⑪

복사, [Layer 1]에 붙여넣기를 하면
배경이 제거된 오브젝트만 있는
레이어를 얻을 수 있습니다. 레이어
창에서 [Layer 1]에만 눈 모양
아이콘만 켜 놓을 경우
투명 배경 위에 오브젝트만 있는
모습을 볼 수 있습니다.

⑫

나머지 오브젝트도 위와 같은
방법으로 누끼를 땁늅니다.
오브젝트가 많다면 헷갈리지 않도록
레이어 이름을 바꿔주면 좋습니다.

⑬

[File ▸ Save As ▸
Format: Photoshop]으로 저장하여
필요할 때 불러와 사용합니다.

배경 제거해주는 사이트 이용하기

포토샵의 방법이 번거롭거나 어렵다면 배경 제거 사이트를 이용하면
배경 없는 이미지를 간편하게 얻을 수 있습니다. 다만 섬세한 작업이
어려워 복잡한 이미지는 불가능합니다.

① 리무브 사이트(www.remove.bg)에
접속합니다. 홈페이지 메인에 있는
[Select a photo]를 클릭합니다.

② 배경을 제거할 사진을 선택합니다.

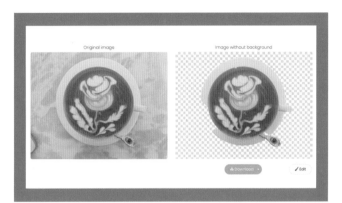

③ 자동으로 배경이 제거된 사진을
볼 수 있습니다. 수정이 없을 경우
[Download]를 클릭하여 이미지를
다운받습니다. 추가로 수정이 필요할
경우 [Edit]를 클릭합니다.

자동으로 제거된 배경을
더 지우는 [Erase], 배경을
복구하는 [Restore] 기능이
있으며 아래 원형을 좌우로
움직여 브러쉬 크기를
조절합니다.

④ [Restore]를 클릭하여 브러쉬로
색칠하듯 사진 위를 칠하면
배경이 복구됩니다.
편집이 끝나 [Save]를 클릭하면
자동으로 파일이 다운로드됩니다.

사진 원본

사이트를 이용하여 배경을
제거한 모습

⑤ 사진 원본과 비교합니다.

포장은 이렇게

1. OPP 봉투 종류

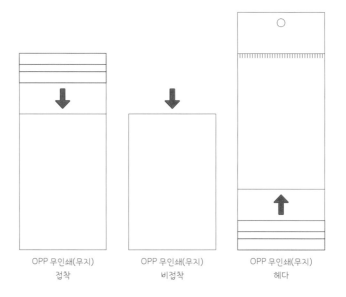

| OPP 무인쇄(무지) 접착 | OPP 무인쇄(무지) 비접착 | OPP 무인쇄(무지) 헤다 |

· OPP 무인쇄 접착: 접착 면으로 굿즈를 넣고 봉할 수 있어 깔끔하게 마무리됩니다.
· OPP 무인쇄 비접착: 윗면이 뚫려 있어 종이와 같이 얇은 굿즈를 포장할 때 사용하면 좋습니다.
· OPP 무인쇄 헤드(헤다): 고리에 걸 수 있는 윗면이 있고, 접착 면도 있어 부착할 수 있는 비닐 봉투입니다. 굿즈를 후크에 걸어 진열할 때 사용하면 좋습니다.

2. OPP 봉투 사이즈

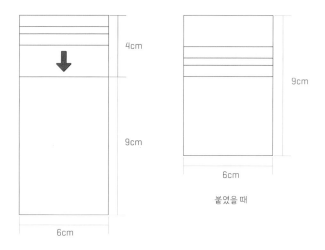

4cm

9cm

6cm

9cm

6cm

붙였을 때

- OPP 무지 '접착' 비닐 구매 시 [6cm x 9cm + 4cm]의 뜻은 가로 6cm, 세로 9cm 봉투 위에 접착 면 4cm 뚜껑이 있다는 의미입니다. 구매 시 포장 면의 사이즈를 반드시 확인하세요.
- 명함, 엽서, 스티커 1장 등 얇은 종이의 경우 굿즈와 동일한 사이즈의 봉투를 사용하면 넣을 때 여유 공간이 없어 비닐이 찢어지기도 합니다. 굿즈 사이즈와 OPP 사이즈를 같은 사이즈로 주문하면 들어가지 않으니 주의하세요.
- 떡 메모지, 스티커 묶음 같이 두께가 있는 제품은 너비를 고려해 가로, 세로 2cm 이상 큰 사이즈의 접착 봉투를 추천합니다.
- 금속 배지 등 두께와 무게가 있는 굿즈의 경우, 굿즈 사이즈보다 가로, 세로 1cm 큰 사이즈의 접착 봉투를 추천합니다.

3. OPP 봉투 구매처

온라인 사이트
리얼패키지 www.realpackage.co.kr

박스몰 www.boxmall.net

오마이패키지 ohmypackage.co.kr

카카오팩 cacaopack.co.kr

포장마켓 pojangmarket.com

방산시장(서울시 중구 을지로 27가길 15)
을지로 5가에 위치한 포장, 원자재, 특수 인쇄 등의 업체가 모여 있는 곳입니다. 크기와 재질별로 다양한 샘플을 볼 수 있습니다.

방산시장 내 소량 구매 시 추천 가게
새로피엔엘 (서울시 중구 을지로 35길 21)
다양한 포장 재료를 소량으로 구매할 수 있습니다. 제품이 종류별로 구분되어 있어 처음 방문하는 분들에게 추천합니다. 두 곳의 매장을 운영하고 있습니다.

서흥이앤팩 (서울시 중구 을지로 35길 35)
식품과 관련된 포장 재료가 주로 있는 곳입니다. 일반 OPP나 포장 용기를 소량으로도 구매할 수 있습니다.

방산365 (서울시 중구 을지로 213)
소량의 봉투부터 일회용품, 유리병까지 잘 갖춰져 있는 업체입니다. 소매와 도매 가격이 다릅니다.

폰트가 필요하다면

· TTF(Windows 컴퓨터용): 가장 일반적인 형태이며, 문서 환경에 최적화된 글꼴입니다.
· OTF(MAC 컴퓨터용): 그래픽 디자인 출력에 최적화된 글꼴입니다.

눈누

noonnu.cc

유의 사항: 상업적으로 사용이 가능한 무료 한글 폰트를 모아 놓은 사이트입니다. 원하는 폰트를 클릭하면 다운로드를 할 수 있는 링크로 넘어갑니다. 모든 폰트의 지적재산권은 각 폰트 제작사 및 제작자에 있습니다.

함박눈체	IM헤민체 Bold	원스토어 모바일POP체	엘리스디지털배움체B	카페24 쇼라운드에어
눈이 펑펑 오면 너무 춥다	동글동글 모서리 금융을 더 말랑하게	튀긴음식만 먹어도 건강했으면	조용한 카페에서 작업하는거 좋아	씨티팝이 세상에서 제일 좋아
눈서리	DGB대구은행	(주)원스토어	엘리스	카페24
카페24 써라운드	강한육군 Bold	서평원 꺾깎체	세방고딕 Bold	티웨이어늘체
동글동글한 고딕이 귀엽다	우리나라 육군은 강하다	원래 공부는 평생 하는거다	날씨가 좋으면 도시락 싸서 공원 가고 있다	제주도 바다가 앤지 더 에쁜 듯
카페24	대한민국 육군 X 예울	서울특별시평생교육진흥원	세방그룹	티웨이 X 폰트랩(주)
티웨이항공체	Rix열정도체	한돋 전부로손 바싸가게	율유1945 SemiBold	아랜드 나이스체
티웨이타고 해외여행가고 싶다	열정이 밤먹여 주나 모르겠다	고양이가 세상을 구한다	날이 좋으면서 미세먼지도 좋았으면	겨울엔 추워서 이쁠 밖은 위험해
티웨이 X 폰트랩(주)	(주)폰트릭스	어디슨어썸아이닷컴재	율유문화사	아랜드 리테일

네이버 나눔 글꼴

hangeul.naver.com

유의 사항: 모든 사용자에게 무료로 제공되며 자유롭게 수정하고 재배포할 수 있습니다. 단, 글꼴 자체를 유료로 판매하는 것은 금지되어 있습니다.

나눔고딕	가나다라마바사아자차카타파하 ABCDEFGHIJKLMNOPQRSTUVWXYZ 0123456789
나눔명조	가나다라마바사아자차카타파하 ABCDEFGHIJKLMNOPQRSTUVWXYZ 0123456789
나눔바른고딕	가나다라마바사아자차카타파하 ABCDEFGHIJKLMNOPQRSTUVWXYZ 0123456789
나눔바른펜	가나다라마바사아자차카타파하 ABCDEFGHIJKLMNOPQRSTUVWXYZ 0123456789
나눔고딕에코	가나다라마바사아자차카타파하 ABCDEFGHIJKLMNOPQRSTUVWXYZ 0123456789
나눔손글씨펜	가나다라마바사아자차카타파하 ABCDEFGHIJKLMNOPQRSTUVWXYZ 0123456789
나눔스퀘어	가나다라마바사아자차카타파하 ABCDEFGHIJKLMNOPQRSTUVWXYZ 0123456789
나눔스퀘어 라운드	가나다라마바사아자차카타파하 ABCDEFGHIJKLMNOPQRSTUVWXYZ 0123456789

네이버 나눔 손글씨 109종

clova.ai/handwriting

유의 사항: 모든 사용자에게 무료로 제공됩니다. 다만 글꼴 자체를 유상으로 제공, 판매, 배포하는 것은 금지되어 있습니다.

마고체　다시시작해　가람연꽃

아름드리 꽃나무

외할머니 글씨

암스테르담　예당체　바른히피

나눔 손글씨 109종

딸에게 엄마가　세아체　달의궤도

몽돌　미니 손글씨　왼손잡이도 예뻐

바른 정신　성실체　할아버지의 나눔

기업

· 넷마블체 company.netmarble.com/company/ci
· 빙그레체, 빙그레2, 따옴체, 메로나체 www.bingfont.co.kr
· 을지로체, 도현체, 주아체, 한나는 열한살, 기량해랑체, 연성체
  www.woowahan.com/#/fonts
· 티몬체 brunch.co.kr/@creative/32
· 예스체 www.yes24.com/campaign/00_corp/2019
  /0930Yesfont.aspx
· tvN 즐거운 이야기체 tvn10festival.tving.com/playground/tvn10font

유의 사항: 모든 사용자에게 무료로 제공되며, 상업적으로 이용이 가능합니다. 단, 기업 로고와 특정 작업에서는 이용 불가능한 경우가 있으니 이용 전에 기업 폰트의 저작권을 확인 바랍니다. 폰트의 지적 재산권은 기업에 있습니다. 폰트 자체를 유로로 판매하는 것은 금지되어 있습니다.

배민 을지로체	배민 주아체	배민 한나는 열한살
배민 기량해랑체	배민 도현체	배민 연성체 tvN 즐거운 이야기체
넷마블체	티몬 몬소리체	스웨거 예스체
빙그레체 빙그레Ⅱ	빙그레 따옴체	빙그레 메로나체

공공기관

· 경기도서체 www.gg.go.kr (경기도 소개 ▸ 경기도 상징물 ▸ 경기도 서체)
· 부산체 www.busan.go.kr/bhbusan
· 서울 서체 www.seoul.go.kr/seoul/font.do
· 이순신체 www.asan.go.kr (아산시청 ▸ 아산소개 ▸ 홍보자료 ▸
  이순신체)
· 전라남도 서체 www.jeonnam.go.kr (전남 소개 ▸ 전남의 상징 ▸
  푸른전남체)
· 청소년체 www.kywa.or.kr/about/about08.jsp

유의 사항: 누구나 무료로 사용이 가능합니다. 영상 및 매체, 웹과 모바
일 등 다양한 매체에 제한 없이 사용이 가능합니다. 단, 글꼴 자체를 유
료로 판매하는 것은 금지되어 있습니다.

서울 남산체	부산체
서울 한강체	푸른전남체
서울 남산 장체	경기 천년 제목
서울 한강 장체	경기 천년 바탕
이순신 돋움체	청소년체
이순신체	

부록

실 사이즈

10x10mm   15x15mm   20x20mm   배지 30x30mm   스티커 50x50mm

규격 엽서 100x148mm

메모지 100x100mm

규격 명함 50x90mm

일러스트 단축키

Ai

	실행 명	윈도우(Windows)	맥(Mac)
파일 메뉴 단축키	새 파일 불러오기	Ctrl + N	Cmd + N
	이미지 불러오기	Ctrl + O	Cmd + O
	작업 중인 이미지 닫기	Ctrl + W	Cmd + W
	파일 저장하기	Ctrl + S	Cmd + S
	다름 이름으로 저장하기	Ctrl + Shift + S	Cmd + Shift + S
	인쇄	Ctrl + Shift + P	Cmd + P
	확대	Ctrl + +	Cmd + +
	축소	Ctrl + -	Cmd + -
	눈금자 생성	Ctrl + R	Cmd + R
편집 단축키	전체 선택	Ctrl + A	Cmd + A
	선택 반전	Ctrl + Shift + I	Cmd + Shift + I
	복사하기	Ctrl + C	Cmd + C
	자르기	Ctrl + X	Cmd + X
	붙여넣기	Ctrl + V	Cmd + V
	제자리에 붙이기	Ctrl + Shift + V	Cmd + Shift + V
	실행 취소	Ctrl + Z	Cmd + Z
	재실행	Ctrl + Shift + Z	Cmd + Shift + Z
	앞에 붙이기	Ctrl + F	Cmd + F
	뒤에 붙이기	Ctrl + B	Cmd + B
	제일 앞으로 가져오기	Ctrl + Shift +]	Cmd + Opt +]
	제일 뒤로 가져오기	Ctrl + Shift + [	Cmd + Opt + [
	그룹	Ctrl + G	Cmd + G
	그룹 풀기	Ctrl + Shift + G	Cmd + Shift + G
	클리핑 마스크 만들기	Ctrl + 7	Cmd + 7
	클리핑 마스크 풀기	Ctrl + Alrt + 7	Cmd + Opt + 7
	작업반복	Ctrl + D	Cmd + D
	아웃라인	Ctrl + Shift + O	Cmd + Shift + O
	윤곽선 보기	Ctrl + Y	Cmd + Y

포토샵 단축키

Ps

	실행 명	윈도우(Windows)	맥(Mac)
파일 메뉴 단축키	새 파일 불러오기	Ctrl + N	Cmd + N
	이미지 불러오기	Ctrl + O	Cmd + O
	작업 중인 이미지 닫기	Ctrl + W	Cmd + W
	파일 저장하기	Ctrl + S	Cmd + S
	다름 이름으로 저장하기	Ctrl + Shift + S	Cmd + Shift + S
	인쇄	Ctrl + Shift + P	Cmd + P
	확대	Ctrl + +	Cmd + +
	축소	Ctrl + -	Cmd + -
	눈금자 생성	Ctrl + R	Cmd + R
편집 단축키	전체 선택	Ctrl + A	Cmd + A
	전체 선택 해제	Ctrl + D	Cmd + D
	선택 반전	Ctrl + Shift + I	Cmd + Shift + I
	복사하기	Ctrl + C	Cmd + C
	자르기	Ctrl + X	Cmd + X
	붙여넣기	Ctrl + V	Cmd + V
	제자리에 붙이기	Ctrl + Shift + V	Cmd + Shift + V
	실행 취소	Ctrl + Z	Cmd + Z
	재실행	Ctrl + Shift + Z	Cmd + Shift + Z
	자유변형	Ctrl + T	Cmd + T
	전경색 채우기	Alt + Delete	Opt + Delete
	배경색 채우기	Ctrl + Delete	Cmd + Delete
	레벨(Levels) 실행	Ctrl + L	Cmd + L
	곡선(Curves) 실행	Ctrl + M	Cmd + M
	색상균형(Color Balance) 실행	Ctrl + B	Cmd + B
	색조/채도(Hue/Saturation) 실행	Ctrl + U	Cmd + U
레이어 단축키	새 레이어 추가하기	Ctrl + Shift + N	Cmd + Shift + N
	레이어 복제	Ctrl + J	Cmd + J
	하위 레이어 합치기	Ctrl + E	Cmd + E
	모든 레이어 합치기	Ctrl + Shift + E	Cmd + Shift + E

케이크 토퍼: 아래 도안을 복사하여 케이크 토퍼를 만들어보세요.

굿즈 만들기 요럴 땐 요렇게
: 포토샵과 일러스트레이터로 손쉽게 따라 하는

초판 1쇄 발행 2019년 9월 2일
초판 5쇄 발행 2022년 9월 1일

지은이	김진하
펴낸이	이준경
편집장	이찬희
책임편집	김아영
디자인	정미정, 김정현
마케팅	이수련
펴낸곳	(주)영진미디어

출판등록	2011년 1월 6일 제406-2011-000003호
주소	경기도 파주시 문발로 242 파주출판도시 (주)영진미디어
전화	031-955-4955
팩스	031-955-4959

홈페이지	www.yjbooks.com
이메일	book@yjmedia.net
ISBN	978-89-98656-14-4 15000
값	17,000원